気楽に作る おいしい おもてなし

友達を呼んで、親戚が集まって、楽しく時を過ごす日に、
おいしい料理とお酒は欠かせません。
おもてなしの極意は"気負わず、無理せず、楽しんで"。
できる範囲の手づくりで、みんなとワイワイごはんを食べましょう。
そんなヒントを、この本でどうぞ見つけてください。

contents

04 | おもてなしのはじめに

はじめに

*印は、持ち寄りパーティに持っていけるお料理です。

お酒にも合う前菜

06 | トマトとモッツァレラのカプレーゼ*
07 | ほたてのエスカルゴバター
07 | オリーブとドライトマトのマリネ*
08 | ひと口フリット
08 | えびのピストゥー
09 | たこのマリネ*
09 | スモークサーモンのマリネ*
10 | まぐろとアボカドのタルタル風
10 | しいたけのブルーチーズ焼き
11 | ソーセージとジャーマンポテト
11 | 自家製ツナ*
12 | 甘えびの紹興酒風味漬け*
12 | 生春巻き*
13 | のせ豆腐
13 | わたりがにのから揚げ
14 | 水菜の韓国風あえもの
14 | ひと口和風ステーキ
15 | 牛タンの粗塩焼き
15 | 牛肉のねぎ巻き
16 | れんこんの落とし揚げ
16 | 生麩の田楽
17 | 春のあえもの　たけのこといかの木の芽あえ
17 | 秋のあえもの　ぶどうときのこの白あえ

ごちそうメイン料理

24 | ポークのプラム煮*
26 | 牛肉の塩釜焼き
28 | 牛肉のビール煮*
29 | チキンプロヴァンス*
30 | 豚ヒレのカツレツ トマトソース
32 | 田舎風ローストチキン
34 | にこにこミートローフ*
36 | 豚肉の梅肉重ねレンジ蒸し
37 | 牛肉のたたき*
38 | たっぷり揚げびたし*
40 | 鴨のつけ焼き*
42 | とりのグリル焼き ねぎぽん酢
43 | 豚ばらのこっくり煮*
44 | とりの中国風照り焼き*
45 | エスニックチキン
46 | ピリ辛スペアリブ*
48 | 魚介のミックスオーブン焼き
50 | 白身魚のアクアパッツァ
52 | 白身魚の紙包み焼き
53 | 白身魚の紹興酒蒸し
54 | 鯛の姿焼き

料理研究／ベターホーム協会
　（児島恵子・瀧本めぐみ・山上友子）
アートディレクション／新井崇（CASH）
デザイン／新井崇（CASH）
　　　　相馬千賀子（ENDIVE4）
撮影／岡本真直

72	江戸前風ちらしずし*
74	紅白押しずし*
76	あなごの混ぜごはん*
77	しそ巻き梅にぎり*
77	ひと口ごはん
78	びっくり中華おこわ*
80	いかすみパエリア
82	シーフードカレー
84	重ねキャセロール*
85	魚介とわけぎのチヂミ
86	三色のペンネ
88	ラザニア*
90	きのこのキッシュ*

ほっとひと息サブ料理

56	カポナータ*
57	野菜のグリル アンチョビマリネ*
58	シーザーサラダ
59	白身魚のカルパッチョ
60	豆サラダ*
61	にんじんサラダ*
61	フルーツサラダ
62	ポテトサラダのテリーヌ*
63	えびとはるさめの豆豉煮(トーチ)*
64	揚げ魚のアジアンサラダ
65	チャプチェ*
66	香り野菜とかつおのづけサラダ
67	肉しゃぶサラダ
68	炒めなます*
69	春と秋の含め煮

ワイワイごはんと軽食

おもてなしコラム

18	チーズは便利
18	パンの出し方アイディア
20	ディップでなごむ
70	かんたん漬けもの*
92	人気のシンプルピザ
94	この本で使う材料のこと
95	和洋中別の献立例索引

この本のきまり

・計量の単位　大さじ1＝15㎖　小さじ1＝5㎖　㎖＝cc
　カップ1＝200㎖　米用カップ1＝180㎖
・作り方の「前日」とは、15〜20時間くらい前をさします。作りおいたものは、ラップをして冷蔵するなど、乾燥や腐敗を防ぐようにして保存します。
・「だし」はかつおでとっただしを使っています。「スープの素」はビーフ、チキンなどの味がありますが、お好みでかまいません。
・オーブンの温度や加熱時間はめやすです。ファンつきのガスオーブンの場合は、表記より10〜20℃低めの温度に設定してください。
・オーブントースターの加熱時間もめやすです。ようすを見ながら加熱してください。
・電子レンジの加熱時間は500Wのめやすです。600Wなら0.8倍の時間にしてください。

おもてなしのはじめに

「うちに来ない？」と気楽に声をかけたものの、
メニューはどうやって決めたらいいのやら。
おもてなし料理の選び方とポイントをまとめました。

1 リサーチ >>> 好き嫌い
お客様の味の好みをリサーチしましょう。和洋中など料理の傾向を決められます。また、特にお客様の嫌いなものは知っておきたいもの。せっかく用意しても食べられないのでは、双方で気を使ってしまいます。好みがわからず不安なときは、料理を1～2品多めに用意します。

2 献立をたてる >>> メインを決める
料理を決める順番は、まずメイン。次にサブの料理、ごはんものや軽食。そして、前菜やつまみ。和なら和の料理だけで考えると献立はたてやすいものですが、無理にそろえる必要はありません。作り慣れた料理や市販品も上手にとり入れて、できる範囲で考えましょう。

> この本は、料理の分類別に並んでいます。
>
> | ワイワイごはんと軽食 P.72～ | ほっとひと息サブ料理 P.56～ | ごちそうメイン料理 P.24～ | お酒にも合う前菜 P.06～ |
>
> この4つの項目で料理を組み立てると、おもてなしの献立が作れます。また、メイン料理には献立例ものっているので、参考にしてください。

3 献立をたてる >>> 素材と調理法に変化を
「いろいろあって満足！」と思われるようにバラエティーに富んだ料理を選びます。メインが肉なら、ほかの料理では魚介や野菜をと、素材を違えるようにします。また、焼きもの、煮もの、あえものやサラダなどと、調理法が重ならない料理を組み合わせるとよいでしょう。

4 献立をたてる >>> 作りおきが安心
事前に料理が全部できていれば安心。全部とはいきませんが、マリネや漬けものなど、1品でも2品でも作りおける料理を入れましょう。また、事前にだいたい準備ができる料理も助かります。ササッと仕上げて食卓にすぐ出せます。おもてなしの間中、キッチンにこもることのないように。

> この本のレシピでは、"前日から作りおけるもの"、"前日から準備しておけること"がひと目でわかるようになっています。
>
> ＊前日とは、15～20時間前
>
> **前日作りおけます**
>
> **1は前日準備できます**

5 いざ >>> タイムスケジュールを作る
献立が決まったら、タイムスケジュールを作ります。買物、料理、掃除の順番を、大ざっぱでもメモしておくとあわてません。また、買出しメモは必須です。缶詰や冷凍可能な肉を前もって買っておくなど、早めにすればあとがらくです。

お酒にも合う前菜

前菜（オードブル）は食欲を誘うとりあえずの小品。
続く料理がよりおいしくなります。
お酒にも合う前菜なら、場もなごみます。
次からの料理と味が重ならならないものをチョイス。

おいしいおもてなし **6** お酒にも合う前菜

盛りつけいろいろ

盛りつけ方次第で雰囲気がずいぶん変わるので、好きな食器で楽しんでみましょう。

小皿盛り
…たとえばつきだし風

大皿盛り
…たとえば一品料理風

鉢盛り
…たとえばおつまみ風

盛り合わせオードブル
…たとえばレストラン風

*持ち寄りOK!

トマトとモッツァレラのカプレーゼ
ひと口サイズでつまみやすく

材料(4〜6人分) 　　　　　　　　1/6量で74kcal
ミニトマト(赤) ──────── 1/2パック(100g)
ミニトマト(黄) ──────── 1/2パック(100g)
モッツァレラチーズ(チェリータイプ)* ── 12粒(100g)
オレガノ(乾燥) ─────────── 小さじ1/4
オリーブ油 ──────────────── 大さじ1
塩・こしょう ──────────────── 各少々
<飾り用> バジルの葉 ─────────── 小8〜10枚

＊モッツァレラチーズは通常、にぎりこぶし形のものが売られていますが、ここではチェリー形に成形した商品を使いました。かたまりのものをさいころ状に切って使ってもかまいません。

調理10分　前日作りおけます

1 トマトはへたをとり、半分に切ります。
2 バジル以外の材料を軽く混ぜます。冷蔵庫で冷やします。
3 盛りつけのときに、バジルを飾ります。

ほたてのエスカルゴバター

魚介とパンと2度おいしい

材料（4〜6人分）　　　　　　　　　　1/6量で115kcal

ほたて貝柱（またはえび、かき）	6個（180g）
パン粉	大さじ1
フランスパン	70g
<エスカルゴバター>	
バター	40g
にんにく	1/2〜1片（5〜10g）
チャイブ（シブレット）*	10〜15本

＊チャイブの説明はp.94。香りが異なりますが、イタリアンパセリにかえても。

調理15分

1　エスカルゴバターを作ります。バターを室温にもどします。にんにくをすりおろし、チャイブは細かくきざみ、バターと混ぜます。

2　ほたてを耐熱皿に並べ、エスカルゴバターをのせてパン粉をふります。

3　オーブントースター、または240℃のオーブンで約7分焼きます。

4　パンを添え、溶けたバターをつけて食べます。パンは切ったままでも、軽くトーストしても。

＊持ち寄りOK!

オリーブと
ドライトマトのマリネ

日もちがします

材料（4〜6人分）　　　　　　　　　　1/6量で62kcal

緑オリーブ*	12個
黒オリーブ	20個
ドライトマト（説明はp.94）	3切れ（約8g）
ハーブ**	少々
オリーブ油	大さじ2
（塩少々　ワインビネガー小さじ1/2）	

＊オリーブの種類はお好みでかまいません。スタッフドでも。
＊＊ハーブは好みのものを加えて香りをつけます。写真は、ローズマリー（生1枝分の葉を摘む）、オレガノ（乾燥小さじ1/2）を加えています。

調理15分　作りおけます→約5日冷蔵保存できます

1　ドライトマトは湯に10分ほどつけて水気をよくふきとり、細切りにします。

2　オリーブ、ドライトマト、ハーブ、オリーブ油を合わせ、味をみてから、塩とビネガーで調味します。

3　冷蔵庫に2〜3時間おいて味をなじませます。盛りつけでハーブを飾っても。

おいしいおもてなし　⑦　お酒にも合う前菜

ハンガーやコートかけ、荷物などを置ける場所を用意します。

おいしいおもてなし ８ お酒にも合う前菜

ひと口フリット
量は自在、すぐ揚がる

材料(4〜6人分)　1/6量で179kcal

<衣>
小麦粉大さじ4＋かたくり粉大さじ2
ビール50㎖　とき卵大さじ1 1/2
砂糖・塩・こしょう ────── 各少々
<揚げる材料・お好みで>
そら豆・マッシュルーム・ミニトマト・オリーブ・
うずらのゆで卵 ─── 各4〜8個ずつ、合計約30個
りんご(皮つき) ─────────── 1/4個
チーズ40g＋生ハム4枚(40g)　バジルの葉4枚
揚げ油 ───────────────── 適量
<添え> レモン・塩・こしょう ────── 各少々

調理30分

1 衣を作ります。小麦粉とかたくり粉は合わせて1度ふるいます。ボールにとき卵とビール、調味料を合わせます。泡立器で泡立て、全体が白く細かい泡になったら、粉を加え、粉気がなくなる程度に混ぜます。約15分おいてなじませます。

2 りんごは皮つきのまま6〜7mm厚さのいちょう切りに。チーズは4つに切って生ハムで巻きます。そら豆は皮をむき、トマトはようじで穴を1つあけます。材料の水気をとり、小麦粉(材料外)を薄くまぶします。

3 揚げ油を高温(180℃)に熱し、材料に衣をつけて、軽く揚げます。バジルの葉は素揚げにします。

えびのピストゥー
オーブントースターで焼くだけ

材料(4人分)　1人分117kcal

えび(無頭・殻つき) ────── 8尾(300g)
塩 ───────────────── 少々
一味とうがらし ─────────── 少々
バジル* ─────────── 2パック(30g)
にんにく ─────────────── 1片(10g)
オリーブ油 ──────────── 大さじ2

*バジルは葉を20g使います。
※ピストゥーは、バジル、にんにく、オリーブ油を合わせたもので、プロヴァンス地方の薬味。

調理20分

1 バジルは葉を摘み、水気をよくとります。バジルの葉、にんにく、オリーブ油をクッキングカッターにかけ、なめらかにします(またはみじん切りにしてすりつぶす)。

2 えびは殻つきのまま、はさみで縦半分に切ります。背わたをとります。塩、一味とうがらしをふります。

3 えびをアルミホイルにのせ、オーブントースターで5〜6分焼きます。表面が白っぽくなったら**1**をのせて2〜3分焼きます。オーブンなら220℃で約4分＋のせて約2分。

＊持ち寄りOK！

たこのマリネ
作りおけます

材料(4人分) 1人分 73 kcal

ゆでだこ	150g
トマト	1/2個(100g)
たまねぎ	1/8個(25g)
セロリ	1/4本(25g)
パセリ	1枝
レモン	1/8個
＜ドレッシング＞	
レモン汁	大さじ1
酢	大さじ1/2
塩・こしょう	各少々
サラダ油	大さじ1

調理15分　前日作りおけます

1 たこは薄切りにします。
2 野菜を切ります。トマト…種をとってあらみじん切り。塩小さじ1/6(材料外)をふる。
レモン…薄いいちょう切り。
たまねぎ、セロリ、パセリ…みじん切り。
3 ドレッシングの材料をよく混ぜてから、**2**を混ぜ、たこをあえます。

＊持ち寄りOK！

スモークサーモンのマリネ
人気の定番もてなし料理

材料(4〜6人分) 1/6量で 99 kcal

スモークサーモン	150g
たまねぎ	小1/2個(横半分・60g)
セロリ	1/2本(50g)
レモン	1/2個
ケッパー	小さじ1
＜ドレッシング＞	
ワインビネガー(白)	大さじ1 1/2
白ワイン	大さじ1
塩	小さじ1/4
こしょう	少々
サラダ油	大さじ3

調理15分　前日作りおけます

1 たまねぎは薄い輪切りにします。セロリは皮むき器で薄切りにし、それを斜めの細切りにします(水にさらすとカールする)。それぞれ水にさらして水気をきります。レモンは皮をむき、薄いいちょう切りにします。
2 ドレッシングの材料をよく混ぜます。
3 皿にサーモンを並べ、野菜、レモン、ケッパーをのせ、ドレッシングをかけます。
＊サーモンの色が少し白くなりますが、前もってドレッシングにつけておいてもよいでしょう。

おいしいおもてなし ⑨ お酒にも合う前菜

おいしいおもてなし 10 お酒にも合う前菜

まぐろとアボカドのタルタル風

いつもの素材をおしゃれに

材料(4～5人分) 　1/5量で103kcal

まぐろ(赤身・さく) ──── 120g
　A[わさび小さじ1/2　うすくちしょうゆ小さじ2]
アボカド ──── 1個(200g)
　B[レモン汁小さじ2　塩・こしょう各少々]
うずら卵 ──── 4個
<ソース> バルサミコ酢・白ワイン・しょうゆ 各大さじ1
<飾り用> セルフィーユ、万能ねぎの葉先など ── 少々
セルクル型(直径5～6cm)* ──── 1個

*筒状の型がなければ、小山に盛ったり、写真のようにスプーンを利用した盛りつけにしたりとくふうできます。また、ホイルの上に形づくって冷蔵しておけば、すぐ盛りつけできます。

調理20分

1 小鍋にソースの材料を煮立て、弱火にしてとろみが出てくるまで煮つめます。さまします。

2 ポーチドエッグを作ります。小鍋にカップ約1と1/2の湯をわかし、静かに沸とうしている状態にし、塩少々、酢小さじ1(材料外)を加えます。うずら卵を器に割って静かに湯に入れ、まわりが白くなったら、ペーパーにとり出します。

3 まぐろとアボカドは約1cm角に切り、まぐろはAで、アボカドはBで下味をつけます。

4 皿に型を置いて、3を詰めます。ポーチドエッグをのせ、ソースとセルフィーユを飾ります。

しいたけのブルーチーズ焼き

オーブントースターでOK

材料(6個分) 　1個分22kcal

しいたけ(肉厚のもの) ──── 6個(120g)
ブルーチーズ* ──── 35g

*ブルーチーズ(青かびタイプ)は、あればゴルゴンゾーラの辛口(ピカンテ)がおすすめです。

調理10分

1 しいたけは軸を除きます。かさの頭を少しそいで安定をよくします。

2 チーズを6等分にし、しいたけにのせます。1でそいだ部分をのせます。

3 アルミホイルにのせ、オーブントースター(または220℃のオーブン)で3～5分焼きます。

*持ち寄りOK!

ソーセージとジャーマンポテト

ビールに定番

材料(4〜6人分) 1/6量で165kcal

ソーセージ	8本
<ジャーマンポテト>	
じゃがいも	2個(300g)
たまねぎ	1/2個(100g)
揚げ油適量　バター大さじ1	
塩小さじ1/3　こしょう少々	
パセリのみじん切り大さじ1/2	
<飾り用> パセリ	小1枝

調理20分

1 じゃがいもは皮をむいて3〜4mm厚さの薄切りにし、水にさらして水気をよくきります。たまねぎは薄切りにします。

2 フライパンに揚げ油を5mm深さほど入れて熱し、じゃがいもを2〜3回に分けていため揚げします。薄茶色になったらペーパーにとって油をきります。

3 フライパンの油をあけてバターを溶かし、たまねぎをいためます。薄く色づいたら、じゃがいもをもどし、塩、こしょうで調味します。みじん切りのパセリを混ぜます。

4 ソーセージは5分ほどゆでてから、サラダ油少々(材料外)で焼きます。**3**と盛り合わせます。

自家製ツナ

作りおけます

材料(4〜6人分) 1/6量で60kcal

まぐろ(さく)*	250g
塩	小さじ1
オリーブ油	100mℓ
サラダ油	100mℓ
にんにく(薄切り)	1片(10g)
タイム(シソ科の香草)	2〜3枝
<飾り用> レモン・黒オリーブ・タイム	各少々

＊まぐろはめばちまぐろなど安価なもので、またオリーブ油はエクストラバージンでなくてもピュアで充分です。

調理30分　作りおけます→約7日冷蔵保存できます

1 まぐろの両面に塩をふり、約10分おきます。

2 まぐろの水気をふいてフライパンに入れます。にんにく、タイム(枝ごと)を加え、オリーブ油、サラダ油をそそいで、ごく弱火にかけます。

3 途中1度裏返して15〜20分加熱します。小さな泡がプツプツと出てきたら、火を止めてそのままさまします。

＊油につけた状態で密閉して冷蔵庫に置けば、約1週間保存できます。

おいしいおもてなし **11** お酒にも合う前菜

箸置きがわりに、小枝や葉ものなどを使うのも目先が変わる演出です。

おいしいおもてなし お酒にも合う前菜

甘えびの紹興酒風味漬け
持ち寄りOK!
漬けておけます

材料(4人分) 1人分 58 kcal

甘えび(有頭・殻つき)	200g
塩・こしょう	各少々
小麦粉	大さじ1
揚げ油	適量
ねぎ	1/2本
しょうが	1かけ(10g)
A 酢	カップ1/2
紹興酒	大さじ2
しょうゆ	大さじ1
砂糖・豆板醤(トーバンジャン)	各小さじ1

調理20分 （つけおき時間は除く） **前日作りおけます**

1　ねぎは斜め薄切りに、しょうがはせん切りにします。
2　Aを合わせ、1を加えます。
3　甘えびは洗ってひげと足を切り、水気をよくふきます。塩、こしょうをふって小麦粉をまぶします。
4　揚げ油を鍋に2cm深さほど入れます。中温(160〜170℃)に熱し、えびを2〜3分揚げてカリッとさせます。熱いうちに2につけ、30分以上おきます。

生春巻き
持ち寄りOK!
←えびせんべいと
つまめて、軽い味は前菜向き

材料(4人分) 1人分 160 kcal

ライスペーパー	4枚

<具>
　えび(無頭・殻つき)4尾(80g)　ビーフン50g
　きゅうり1本　バジルの葉8〜12枚　にら10g
　ピーナッツ20g
<つけ汁>
　ニョクマム(=ナムプラー)・砂糖・レモン汁　各大さじ2
　(好みで)赤とうがらし(生・小口切り) 1本

調理30分

1　具の下ごしらえをします。えび…ゆでて殻をむき、縦半分に切って背わたを除く。　ビーフン…表示のとおりにもどし、7〜8cm長さに切る。　きゅうり…斜め薄切りにしてからせん切り。　にら…約15cm長さに切る。　ピーナッツ…あらみじん切り。
2　ライスペーパー1枚を水にくぐらせ、ぬれぶきんの上にのせます。中身の具を写真のようにのせて巻きます。4本作ります(食べるまで時間があくときは、ぬれぶきんをかけておく)。
3　食べやすく切り、つけ汁の材料を合わせて添えます。

具を2列に分け、えびは透けて見えるように向こうに置きます。にらはとび出るように端に置きます。

のせ豆腐

湯のみ茶碗などを利用

材料(各4人分)

<塩辛のせ> 　　　　　　　　　　1人分 42 kcal
- 寄せどうふ ———————— 1パック(200g)
- いかの塩辛 ———————————— 40g
- 焼きのり —————————————— 1枚
- しょうゆ ————————————— 小さじ1/2

<たらこのせ> 　　　　　　　　　1人分 44 kcal
- 寄せどうふ ———————— 1パック(200g)
- たらこ ———————————— 1/2腹(40g)
- オクラ —————————————— 1～2本
- しょうゆ ————————————— 小さじ1/2

調理各5分

1　小さな器にとうふをすくって入れます。
2　<塩辛のせ>のりをちぎってしょうゆを混ぜます。とうふの上に塩辛とのりをのせます。
<たらこのせ>オクラは薄い小口切りにします。たらこの中身をスプーンでかき出します。とうふの上にたらことオクラをのせます。しょうゆをかけて食べます。

わたりがにのから揚げ

粉をつけて揚げるだけ

材料(4人分)　　　　　　　　　1人分 124 kcal
- わたりがに(カットしたもの)* ———— 700g
- A[塩小さじ1/3　酒大さじ2]
- B[かたくり粉大さじ2　小麦粉大さじ1]
- 揚げ油 —————————————— 適量

<添え>
- 香菜(シャンツァイ) ————————————— 適量
- 花椒塩(ホワジャオ)(市販中華材料) ———— 約大さじ1

*わたりがには、なるべく胴体の多い部分を選びましょう。

調理30分

1　かにはよく洗い、足先は除きます。大きければ4～5cm角に形をそろえ、水分をとります。ボールに入れ、Aをふって10～20分おきます。
2　Bを合わせます。Bを1のボールに加え、かににまぶします。
3　揚げ油を中温(170℃)に熱し、5～6分揚げます。最後に30秒ほど強火にしてカリッとさせ、とり出します。
4　盛りつけ、香菜、花椒塩を添えます。
*丸ごとのかにの場合は、足先は除き、前かけ部分をはずして甲羅をはがし、ガニを除いて、4つに切ります。

おいしいおもてなし　お酒にも合う前菜

軽いBGMが流れていると、おもてなしの場がなごんで話の間がもちます。

おいしいおもてなし ⑭ お酒にも合う前菜

水菜の韓国風あえもの
あっという間に完成

材料(4人分) 　1人分 44 kcal

水菜	100g
韓国のり	2枚
<あえ衣>	
にんにくのすりおろし	小さじ1/3
粉とうがらし(韓国食材で辛味がおだやか)	小さじ1/8
すりごま(白)	大さじ1
塩	小さじ1/6
ごま油	大さじ1

調理10分

1 水菜は3cm長さに切ります。のりはこまかくちぎります。

2 あえ衣の材料をよく混ぜます。食べる直前に1をあえます。

ひと口和風ステーキ
少しでぜいたく感

材料(4人分) 　1人分 242 kcal

牛ステーキ肉	1枚(200g)
塩・こしょう	各少々
にんにく	1片(10g)
サラダ油	大さじ1〜2
ブランデー	大さじ1
<薬味・たれ>	
芽ねぎ	1パック(20g)
だいこん	100g
赤とうがらし	1本
A　しょうゆ	大さじ1
みりん・酒	各小さじ1

調理15分

1 肉は約2cm角に切り、塩、こしょうをふります。にんにくは薄切りにします。

2 薬味などの用意をします。赤とうがらしを水につけてもどし、種をとり、だいこんに刺しこんで一緒にすりおろします。Aは合わせ、たれにします。芽ねぎは根元を落とします。

3 フライパンに油を弱火で温め、にんにくを薄茶色にいためてとり出します。続いて、肉を中〜強火で焼きます。仕上げにブランデーをふり入れ(火に気をつけて)、肉をとり出します。

4 肉ににんにくをのせ、薬味とたれを添えます。

のせ豆腐(p.13)、枝豆と→

牛タンの粗塩焼き
焼けるにおいがたまらない

材料(4人分)　　　　　　　　　　1人分 170 kcal
牛タン(薄切り)	200g
にんにく	1片(10g)
ごま油	大さじ1
粗塩	少々
こしょう	少々
万能ねぎ	2〜3本(10g)
レモン	1/2個

調理15分
1　にんにくはすりおろします。ねぎは小口切りにします。
2　牛タンににんにく、ごま油をもみこみます。10分くらいおきます。
3　焼く直前に粗塩、こしょうをふります。
4　焼き網かグリルで焼きます。ねぎをふり、レモンを添えます。

牛肉のねぎ巻き
巻くと食べやすい

材料(4人分)　　　　　　　　　　1人分 197 kcal
牛肩肉(焼肉用)*	200g(8〜10cm長さのもの8枚)
A** ねぎのみじん切り	大さじ1
にんにくのすりおろし	小さじ1
すりごま(白)	大さじ1
砂糖	小さじ1
しょうゆ	大さじ1強
酒	大さじ1
こしょう	少々
ごま油	小さじ1
ねぎ	1本
しその葉	8枚
サラダ油	大さじ1
<たれ>	
コチュジャン・しょうゆ	各適量

＊肉が小さい場合は、巻ける大きさにたたきのばします。
＊＊Aは好みの焼肉のたれを利用してもよいでしょう。

調理25分(肉のつけこみ時間は除く)
1　Aを合わせ、肉を20〜30分つけておきます。
2　ねぎは5〜6cmの長さのせん切りにし、上下をなるべくそろえて水にさらし、水気をきります。
3　フライパンに油を熱し、肉を焼きます。
4　肉でしその葉、ねぎを巻きます。コチュジャンとしょうゆを混ぜて添えます。

おいしいおもてなし お酒にも合う前菜

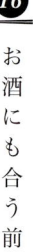

おいしいおもてなし　お酒にも合う前菜

れんこんの落とし揚げ
お客様がそろってから揚げます

材料(4人分)　1人分 140 kcal

れんこん	250g
むきえび	100g
酒	大さじ1
A { 卵1個　粉末やまいも*5g　小麦粉大さじ3　塩小さじ1/3　こしょう少々	
伏見とうがらし(またはししとうがらし)	8〜10本
揚げ油	適量
<薬味>だいこんおろし・しょうゆ	各適量

*粉末やまいもはつなぎに少量使うときなど便利です。生のやまいもなら20〜30gをすりおろして加えます。

調理25分

1 れんこんは皮をむき、すりおろすかクッキングカッターにかけます。むきえびは背わたをとり、1cmくらいに切って酒をふります。

2 ボールに**1**とAを入れて、よく混ぜます(この状態でおく場合、冷蔵1時間程度なら、色はさほど変わりません)。

3 とうがらしは切り目を1つ入れます。揚げ油を中温(160〜170℃)に熱し、とうがらしを素揚げにし、塩少々(材料外)をふります。次に、**2**を大さじですくって落とし入れ、4〜5分かけて茶色に揚げます。薬味を添えます。

生麩の田楽
イクラのしょうゆ漬け、ぎんなんと↑生麩を焼くだけ

材料(4人分)　1人分 259 kcal

よもぎ麩(生麩)	1本(約200g)
粟麩(生麩)	1本(約200g)
<ゆずみそ>	
A { 白みそ(西京みそなど)	大さじ3(50g)
砂糖・みりん	各大さじ1/2
だし	大さじ2
ゆずの皮(すりおろし)	1/2個分
<甘みそ>	
B { 赤みそ(仙台みそなど)	大さじ3(50g)
砂糖・酒	各大さじ2
みりん	大さじ1
けしの実	小さじ1/2
田楽串または鉄砲串	16本

調理20分

1 みそはABをそれぞれ鍋に合わせ、弱火にかけて1〜2分練ります。

2 生麩は1.5cm厚さに切ります。フライパンで生麩の両面を弱火で2〜3分焼きます(鉄のフライパンの場合はくっつくので、クッキングシートを敷いた上で焼くとよい)。

3 焼き色がついたらとり出し、串を刺します。みそをのせて、それぞれゆずの皮とけしの実をのせます。

春のあえもの
たけのこといかの木の芽あえ
電子レンジでかんたんに下ごしらえ

材料(4人分)　1人分 44 kcal

ゆでたけのこ	150g
A [だし大さじ3　しょうゆ小さじ1]	
いか(さしみ用)	50g
酒	小さじ1
<木の芽みそ>	
木の芽	20枚
白みそ(西京みそなど)	大さじ2
B　砂糖	大さじ½
酒	大さじ1
<飾り用> 木の芽	4枚

調理20分

1　器にBを混ぜ、ラップなしで電子レンジで30秒加熱、1度混ぜて、さらに30秒加熱します。さまします。

2　たけのこ、いかは1cm角に切ります。たけのことAを器に入れ、ラップをして電子レンジで約3分加熱します。同様に、いかは酒をふって約30秒加熱します。

3　食べる直前に、木の芽20枚を細かく切って1に混ぜます。2の汁気をきってあえます。

秋のあえもの
ぶどうときのこの白あえ
とうふの水きりは電子レンジで2分

柿の中身をくり抜いた器「柿釜」で、料亭風に。→

材料(4人分)　1人分 83 kcal

ぶどう(巨峰などなんでも)*	大8粒(120g)
しめじ	½パック(50g)
A [酒・しょうゆ　各小さじ1]	
しゅんぎく	100g
もめんどうふ	½丁(150g)
練りごま	大さじ1
B　砂糖	大さじ1
塩	小さじ⅙

＊ぶどうのほか、いちじくや柿でもおいしく作れます。

調理20分

1　とうふはペーパータオルで包み、皿にのせて電子レンジで約2分加熱して、水気をきります。

2　しめじは小房に分け、Aと器に入れてラップをし、電子レンジで約1分加熱します。

3　しゅんぎくは塩少々(材料外)を加えた熱湯でゆで、水にとって水気をしぼり、3cm長さに切ります。

4　ぶどうは皮をむいて半分に切り、種をとります。

5　ボールにBを混ぜ、とうふを入れてつぶしながら混ぜます。食べる直前に2〜4の水気をきり、あえます。

おいしいおもてなし　お酒にも合う前菜

掃除は、お招きする部屋、玄関、洗面所、トイレを重点的に。お客様の視点に立ってチェックします。

チーズは便利

とりあえず
チーズがあれば。

盛り合わせは
見た目にも楽しい。

おいしいおもてなし

おもてなしコラム

チーズだけで、
話もお酒も
ほどよくすすみます。

クラッカーやナッツ
ドライフルーツなどを
添えてもマル。

ひと手間加えるだけで
目新しいおつまみにも
なります。

パンの出し方アイディア

薄切りを1枚ずつ作るよりかんたん
ガーリックバタートースト

ガーリックバターの材料
（フランスパン1本分）　　パンこみ全量で 875 kcal
にんにくのすりおろし　1片(10g)分
バター　　　　　　　　　　　　40g
パセリ（みじん切り）　　　　　2枝

スティック状
パンは長さ1/2〜1/3にし、それぞれ縦半分に切ります。ガーリックバターの材料を混ぜてパンに塗ります。オーブントースターや高温のオーブンで軽く焼きます。

じゃばら状
パンに切りこみを入れ、間にガーリックバターをざっと塗ります。約200℃のオーブンでこげないように軽く焼きます（オーブントースターならアルミホイルに包む）。

香り高いオリーブ油をふりかけて
オリーブオイルがけパン

フランスパンを食べやすく切ります。オーブントースターやオーブンの皿にのせてオリーブ油（エクストラバージン）をざっとふりかけ、焼きます。

クリームチーズのおかかじょうゆ
切るだけ

材料(4人分) 1人分 88 kcal
クリームチーズ　　　　　　　100g
けずりかつお　　　　　　　　少々
万能ねぎ(小口切り)　　　　1〜2本
しょうゆ　　　　　　　　　　少々

1　チーズは1〜2cm角に切ります。
2　器に盛り、けずりかつおとねぎをのせます。しょうゆをたらして食べます。

トマトのクリームチーズ詰め
詰めるだけ

材料(4個分) 1個分 45 kcal
クリームチーズ　　　　　　大さじ2
トマト(直径約3cm)　　　　　4個
オリーブ油・塩　　　　　　各少々

1　トマトの両端を平らに切り、へたの反対側をペティナイフなどでくり抜きます。
2　中にオリーブ油1〜2滴と塩少々をふり、チーズを詰めます。トマトの切れ端をみじん切りにして飾ります。

カマンベールの焼きチーズ
中はとろ〜り

材料(1個分) 1個分 310 kcal
カマンベールチーズ　　　　　1個
こしょう　　　　　　　　　　少々
(好みで)ローズマリー　　　　1/2枝

1　チーズの表面に十文字の切り目を入れ、アルミホイルにのせます。こしょうをふり、ローズマリーの葉を散らします。
2　オーブントースターで約5分、中央から溶けたチーズがふつふつと出てくるまで加熱します。スプーンですくってパンなどにつけます。

プチチーズせんべい
電子レンジで

材料(約16個分) 1個分 9 kcal
プロセスチーズ　　　　　　　40g
(好みで)こしょうまたはチリパウダー

1　チーズは、1cm角に切ります。
2　4個ずつ作ります。皿にクッキングシートを敷き、チーズを間隔をあけて並べます。こしょうやチリパウダーを少々ふります。
3　溶けてから少しふくらむまで、電子レンジで2分〜2分30秒加熱します(ラップなし)。

オイル漬けドライトマトとチーズのつまみ
便利なオイル漬けにプラス

材料 全量で 575 kcal
モッツァレラチーズ　1個(約120g)
＜オイル漬けドライトマト＞
　ドライトマト(説明はp.94)　40g
　ワインビネガーまたは酢　小さじ1/2
　オリーブ油　　　　　約カップ1/2
A｜にんにく(薄切り)　　　小1片
　｜赤とうがらし(種をとる)　1本
　｜乾燥オレガノ　　　　小さじ1/3
　｜黒粒こしょう　　　　　小さじ1

1　(最初に、つまみやパスタに使えて便利なドライトマトのオイル漬けを作ります)ドライトマトを湯に10分ほどひたしてもどし、軽くしぼります。約2cm角に切り、ワインビネガーをまぶします。
2　びんなどにAを合わせてトマトを入れ、ひたるくらいのオリーブ油をそそぎます。翌日から食べられ、常温で4〜5日もちます。
3　チーズをひと口大に切り、2と混ぜます。

おいしいおもてなし　おもてなしコラム

ディップで
なごむ

- 定番 -

冷蔵庫にある材料で、
かんたんに作れます。

ちょっとつまんで、
ちょっとつけて。

みんなもうれしい
パーティアイテム。

マヨネーズ、
クリームチーズや
カッテージチーズ、
サワークリームは、
ディップのベースに
しやすい材料です。

おいしいおもてなし
おもてなしコラム

カッテージマーマレード
甘く、クラッカーなどに

材料(4〜6人分)　1/6量で 14 kcal
- カッテージチーズ　50g
  （裏ごしタイプ）
- オレンジマーマレード　大さじ1
- レモン汁小さじ1/2　塩少々

1　混ぜます。

めんたいチーズ
ほどよい塩辛味

材料(4〜6人分)　1/6量で 68 kcal
- クリームチーズ　100g
- からしめんたいこ　1/2腹(40g)
- レモン汁　小さじ1
- 白ワイン　大さじ1

1　チーズは室温でやわらかくして練り、レモン汁とワインを加えてよく混ぜます。めんたいこの中身をしごき出し、混ぜます。

カレーマヨネーズ
生野菜によく合います

材料(4〜6人分)　1/6量で 60 kcal
- マヨネーズ　大さじ4(50g)
- カレー粉　大さじ1/2
- たまねぎのみじん切り　大さじ2
- 白ワイン　小さじ1
- 塩　小さじ1/6

1　混ぜます。

ピクルスのマヨネーズ
なににでも合います

材料(4〜6人分)　1/6量で 67 kcal
- きゅうりのスイートピクルス1〜2本(15g)
- マヨネーズ　大さじ4(50g)
- 粒マスタード　大さじ1
- 砂糖　小さじ1
- たまねぎのみじん切り　大さじ1

1　ピクルスをみじん切りにして、ほかの材料と混ぜます。

さけのマヨネーズ
ツナよりさっぱり

材料(4〜6人分)　1/6量で 67 kcal
- さけの缶詰　小1缶(90g)
- マヨネーズ　大さじ3(35g)
- レモン汁　小さじ1
- タバスコ　少々
- たまねぎのみじん切り　大さじ1

1　さけの汁気をきってボールに入れ、フォークなどで細かくつぶします。ほかの材料と混ぜます。

くるみとサワークリーム
甘く、ほっとする味

材料(4〜6人分)　1/6量で 120 kcal
- サワークリーム　100g
- はちみつ　大さじ2
- くるみ　30g

1　くるみは細かくきざみます。サワークリームにはちみつを加えて混ぜ、くるみを混ぜます。

おいしいおもてなし　おもてなしコラム

ディップでなごむ
-個性派-

ちょっとつまんで、ちょっとつけて。

おいしいおもてなし
おもてなしコラム

アボカドのわさびマヨネーズ
森のバターをたっぷりつけて

材料(4〜6人分) 　1/6量で103kcal
アボカド(熟れたもの)　1個(200g)
レモン汁　　　　　　　大さじ1
練りわさび　　　　　　小さじ1
マヨネーズ　　　　　大さじ4(50g)
塩・こしょう　　　　　　各少々
よく合うもの…トルティーヤチップス

1　アボカドは実をつぶすか裏ごしし、変色しないようにレモン汁を混ぜます。ほかの材料と混ぜます。

オイルサーディン
魚介のうま味で大人好み

材料(4〜6人分) 　1/6量で86kcal
オイルサーディン　　　1缶(75g)
オリーブ油　　　　　　大さじ2
イタリアンパセリ　　　1〜2枝
レモン汁　　　　　　　大さじ1
塩・こしょう　　　　　　各少々
よく合うもの…グリッシーニ

1　サーディンとイタリアンパセリはそれぞれ細かくきざみます。材料を全部混ぜます。

サルサ風野菜
サラダ感覚で

材料(4〜6人分) 　1/6量で32kcal
トマト(完熟)　　　　小1個(150g)
紫たまねぎ　　　　　　1/4個(70g)
セロリ　　　　　　　　　30g
バジルの葉　　　　　　5〜6枚
にんにく　　　　　　　1片(10g)
オリーブ油　　　　　　大さじ1
A｜ワインビネガー(白)　大さじ1
　｜レモン汁　　　　　　小さじ1
　｜塩　　　　　　　　　小さじ1/3
よく合うもの…トルティーヤチップス
＊好みでチリパウダーやタバスコを加えても。

1　トマトは皮を湯むきして種をとり、1cm角に切ります。たまねぎ、セロリはあらみじんに切り、バジルは細かくちぎります。

2　にんにくは薄切りにしてオリーブ油で薄茶色にいため、油ごと器にとります。

3　水気が出やすいので、直前に1、2とAを混ぜます。

白みそ山椒
山椒が効果的

材料(4〜6人分) 　1/6量で61kcal
白みそ(西京みそなど)　　　100g
砂糖・みりん・酒　　　各大さじ1
卵黄　　　　　　　　　　　1個
実山椒のつくだ煮　　　　大さじ1
よく合うもの…だいこん、みょうが、さといもなど和風の野菜

1　鍋にみそと調味料を合わせ、混ぜながら弱火で加熱します。プツプツとわずかに煮立ちはじめたら、火からおろし、卵黄を入れて手早く混ぜます。山椒を加えます。

ごちそうメイン料理
ほっとひと息サブ料理

メイン料理は、おいしくて見栄えよし、迫力は満点に。
主役は肉や魚。かたまり肉や一尾魚でドーンと作ります。
相性のよいサブの料理を合わせると気がきいています。
サブ料理も肉や魚介でボリュームを出せば、これもごちそう。

おいしいおもてなし **24** ごちそうメイン料理

おみやげにいただいた食べものはみんなで一緒に。持ってきた方もうれしいものです。

ポークのプラム煮

煮ておけます ＊持ち寄りOK!

材料(4〜6人分)　1/6量で294kcal

- 豚肩ロース肉(かたまり) ― 500g
  (塩小さじ1/3　こしょう少々)
- サラダ油 ― 大さじ1
- たこ糸 ― 2m
- A
  - プルーン(種抜き) ― 80g
  - 乾燥いちじく ― 50g
  - ローズマリー(葉を摘む) ― 1枝
  - 白ワイン ― カップ1/2
- B
  - ワインビネガー(白) ― カップ1/4
  - 水 ― カップ1
  - 固形スープの素 ― 1個
  - しょうゆ ― 大さじ1
  - 砂糖 ― 小さじ1
  - こしょう ― 少々
- C [かたくり粉小さじ1〜2＋粉の倍量の水]

＜つけ合わせ＞
- ズッキーニ(輪切り) ― 1本(150g)
- ミニトマト(半分に切る) ― 8個
- オリーブ油 ― 大さじ2
- 塩・こしょう ― 各少々
- ローズマリー ― 2〜3枝

調理70分　前日作りおけます

1　肉でAを包みます。
1) Aを合わせて、10分ほどおく(a)。
2) かたまりの肉に包丁で縦長の切りこみを1本、肉の中心まで入れる。さらに切り目を中心から左右に入れて、肉を広げる。切った面に塩小さじ1/6、こしょう少々をふり、Aを包む(b)。Aが余ったら汁ごと2で鍋に加える。
3) たこ糸でくるくるとしばって、形を整える。塩小さじ1/6、こしょう少々をふる。

2　肉を焼いてから、煮ます。
1) フライパンに油を熱し、肉の周囲に焼き色をつける。
2) 鍋に肉を移し、Aの残りとBを入れて強火にかける。沸とうしたらアクをとり、ふたをずらしてのせて、中火で30〜40分煮る。途中上下を返す。
3) 煮汁が少なくなり、竹串を肉に刺して肉汁が澄んでいれば、火を止める。

仕上げ調理10分

3　つけ合わせを作ります。 ズッキーニとトマトを油で軽くいため、塩、こしょうをふる。

4　盛りつけ。 肉を温め直してから切り分け、野菜を添えて、ローズマリーを飾る。煮汁を熱し、Cの水どきかたくり粉で少しとろみをつけ、肉に添える。

a_プルーンといちじくをワインでもどし、汁ごと使います。

b_開いた肉に、プラムなどを汁をきってのせ、肉で包みます。

献立例 & アドバイス

白身魚のカルパッチョ p.59／にんじんサラダ p.61／パン

プルーンやいちじくなどの甘酸っぱい味とハーブの香りは、どちらかというと女性好み。カルパッチョやおしゃれなサラダと、チーズやワインを組み合わせるとよいでしょう。

おいしいおもてなし　ごちそうメイン料理

おいしいおもてなし **26** ごちそうメイン料理

とりあえず熱いおしぼりを。しぼったタオルを電子レンジで温めます。1つで約30秒見当。

牛肉の塩釜焼き

10分蒸し焼きで食卓へ

材料(4人分)　　1人分 345 kcal

- 牛もも肉(かたまり) ………… 500g
- こしょう(粗びき) ………… 小さじ1
- サラダ油 ………… 大さじ2
- A
  - 粗塩 ………… 500g
  - 卵白 ………… 1個分
  - 白ワイン ………… 大さじ2
- 香味野菜
  (セロリの葉1～2枝・パセリの茎2～3本)
- じゃがいも ………… 小4個(500g)
- クッキングシート ………… 30cm角を1枚
- ＜ソース＞
  - 赤ワイン ………… 大さじ2
  - バルサミコ酢 ………… 大さじ2
  - しょうゆ ………… 大さじ1
- ＜つけ合わせ＞
  - クレソン ………… 1束(20g)
  - 粒マスタード ………… 適量

＊フライパンは直径24cmくらいの、鉄製がおすすめです。から焼き状態になるので、フッ素樹脂加工のフライパンならいたんでもよいもので。
＊または、オーブン皿に塩釜を作ってふたをし、250℃のオーブンで約10分焼きます。ふたをとり10～15分おいてから切ります。

調理20分

1. **いもと肉の下ごしらえをします。**
   1) じゃがいもはよく洗い、皮つきのまま電子レンジで5～6分加熱して火を通す(ラップなし・途中上下を返す)。
   2) 牛肉は室温にもどしてから、こしょうを手ですりこむ。
   3) フライパンにサラダ油を熱し、肉の表面だけに焼き色をつける。
2. **フライパンに塩釜をセットします。**
   1) ボールにAを入れ、よく混ぜる。
   2) フライパンにクッキングシートを敷く。Aの$\frac{1}{4}$量を広げて、香味野菜を置く(a)。肉とじゃがいもをのせる。残りのAをかぶせ、手でしっかり押さえる(b)。
3. ソースの材料をひと煮立ちさせ、器に入れます。

仕上げ調理30分

4. **蒸し焼きにします。** フライパンにボールでふたをして(c)、弱めの中火にかけ、約10分蒸し焼きにする。
5. **食卓に出します。** ふたをとり(熱いので気をつけて)20分ほどおいて肉汁を落ちつかせてから、フライパンごとお目見え。フォークなどで釜を割って肉を切り分ける。クレソン、粒マスタード、ソースを添える。

a_肉の下に香味野菜を敷きます。

b_蒸し焼きになるように、塩で肉全体をおおいます。

c_ボールがない場合は、アルミホイルでぴっちりと。

献立例 & アドバイス

たこのマリネ p.9／シーザーサラダ p.58／ペンネアラビアータ p.86／スープ
おしゃべりの間に塩釜を蒸し焼きにし、ドーンと出しましょう。釜を割る演出もきっとうけます。だいこんおろしなどの薬味をつければ、和風の献立にもなります。

おいしいおもてなし ごちそうメイン料理

牛肉のビール煮
煮こんでおけます　＊持ち寄りOK！

材料（4～6人分）　　1/6量で524kcal
牛肩肉（かたまり）＊ーーーーー700g
　（塩小さじ1/3　こしょう少々）
　サラダ油ーーーーーーー大さじ2
　たまねぎーーーーーー2個（400g）
　バターーーーーーーーーー20g
　小麦粉ーーーーーーー大さじ1 1/2
A｜ビール1缶（350ml）　水150ml
　｜スープの素小さじ1/2　ローリエ1枚
B［塩・こしょう　各少々］
＜つけ合わせ＞
　黒パンーーーーーーーーー100g
　そら豆（さやなし生、または冷凍）200g
　じゃがいもーーーーーー2個（300g）
　揚げ油ーーーーーーーーー適量
　塩・こしょうーーーーーー各少々

＊肩肉はコラーゲンが多いので、長く煮るとやわらかく煮えます。

調理80分　前日作りおけます
1　**牛肉を焼きます。**
　1）肉は5～6cm角大に切り、塩、こしょうをまぶす。たまねぎは薄切り。
　2）厚手の鍋にサラダ油を熱し、肉を2回に分けて焼く。全面に焼き色がついたら、とり出す（中は生でだいじょうぶ）。
2　**たまねぎをよくいためてから、煮こみます。**
　1）肉を焼いた鍋にバターを加え、たまねぎを中火でいためる。薄茶色になるまで約10分、こげないようにいためる。
　2）小麦粉を加え、弱火で1～2分いためる。肉をもどし入れ、Aを加えて(a)強火にする。沸とうしたら弱火にし、ふたをずらしてのせ、アクをとりながら約1時間煮こむ。最後に味をみてBで調味する。

仕上げ調理20分
3　**つけ合わせを作ります。**
　そら豆はゆでて皮をむく（バターで軽くいためても）。じゃがいもは拍子木切りにし、水にさらして水気をよくふく。中温（160℃）の油で揚げてとり出し、高温（180℃）の油にもどしカリッとさせる。塩、こしょうをふる。
4　**盛りつけ。** 3とパンを添える。

a_ビールひと缶たっぷり加えて煮ます。肉がやわらかくなります。

献立例＆アドバイス
スモークサーモンのマリネp.9／生野菜サラダ
つけ合わせもあるので、メイン料理だけで場もちがします。
さっぱりと生の野菜がほしいところ。ビールによく合う北ヨーロッパ風の献立です。

チキンプロヴァンス

煮ておけます　*持ち寄りOK!

材料(4人分)　1人分 446 kcal

とり骨つきもも肉(ぶつ切り)
　──── 800g(8〜10個)
　(塩小さじ1　こしょう少々)
オリーブ油 ──── 大さじ6
A｜にんにく ── 2個(約12片分・120g)
　｜ローズマリー ──── 1〜2枝
　｜タイム ──── 2〜3枝
　｜ローリエ ── 大1枚(小なら2枚)
　｜黒オリーブ(種抜き) ──── 12個

＊とり肉はなるべく大ぶりに切ったもののほうが豪華に見えます。
＊ローズマリーとタイムはぜひ生を使ってください。ローリエももしあれば生を。

調理50分　前日作りおけます

1　**とり肉に下味をつけます。** 塩、こしょうをふって手でよくまぶし、10分ほどおく。

2　**Aの下ごしらえをします。** にんにく…1片ずつ分け、皮つきのまま使う。ローズマリー、タイム…半量は飾り用。残りは葉を枝からしごいてとる。

3　**焼いてから、蒸し煮にします。**
　1) 厚手の鍋にオリーブ油大さじ2を熱し、肉を焼く。
　2) 全体に焼き色がついたら、Aを入れ、オリーブ油大さじ4をかける(a)。ふたをして弱火にし、約30分蒸し煮にする。

4　**盛りつけ。** 残した枝つきハーブを飾る。にんにくと黒オリーブをつぶしながら食べる。

献立例 & アドバイス

生野菜とディップ p.20／野菜のグリルアンチョビマリネ p.57／パン
香草のおしゃれな感じが、もてなし料理にはもってこい。
シックな色合いなので、カラフルな野菜料理を合わせてはいかがでしょう。

a_オリーブ油のコーティングで肉のうま味が逃げずにふっくら煮えます。

おいしいおもてなし ごちそうメイン料理

おいしいおもてなし **30** ごちそうメイン料理

ワインクーラーや大鉢に氷水を用意し、飲みものと一緒にくだものや花や緑も組み合わせて飾っては。

豚ヒレのカツレツ　トマトソース
食事の合い間に揚げられます

材料(4人分)　　　　　　　　　1人分 384 kcal

豚ヒレ肉(かたまり) ―――――― 300g
　(塩小さじ1/4　こしょう少々)
オリーブ油(またはサラダ油) ―― 約カップ1/2
ルッコラ ――――――――― 1/2パック(20g)
＜フライ衣＞
　小麦粉 ―――――――――― 大さじ1
　とき卵 ―――――――――― 1個分
　パン粉(細びきタイプ)* ――― 50g
＜トマトソース＞
　トマト(完熟) ―――――― 2個(400g)
　バジル ――――――――― 2枝
　にんにく(すりおろす) ―― 小1片(5g)
　オリーブ油 ―――――――― 大さじ2
　塩・こしょう ――――――― 各少々

＊ふつうのパン粉なら、クッキングカッターにかけるか、ポリ袋の上からめん棒でつぶして細かくします。

調理20分　1と2の1)は前日準備できます

1　ソースを作ります。トマトは皮を湯むきし、種をとって1cm角に切る。バジル以外の材料と混ぜる。冷蔵庫で冷やす。
2　肉の下ごしらえをします。
　1) ヒレ肉を4等分に切る。ラップの間にはさんで肉たたきやめん棒などでたたき、4〜5mm厚さにのばす(a)。
　2) 塩、こしょうをふり、フライ衣を順につける。包丁で軽く押し、格子のもようを入れる。

仕上げ調理10分

3　肉をいため揚げします。大きめのフライパンに油を1cm深さほど入れて熱し、中火で4〜5分ずつ色よく揚げる(b)。
4　盛りつけ。バジルの葉をちぎってソースに混ぜ、ルッコラと一緒に肉に添える。

a_肉の切り口を上にし、破れない程度に薄くたたきのばします。

b_肉が薄いので少ない油で揚がります。

おいしいおもてなし　ごちそうメイン料理

献立例 & アドバイス

えびのピストゥー p.8/豆サラダ p.60/ペンネゴルゴンゾーラ p.86
カツレツは衣をつけておき、食事のころ合いを見て、さっと揚げましょう。
熱々でやわらかいカツに冷たいソースがさっぱり。

おいしいおもてなし 32 ごちそうメイン料理

とり分け方
胴とももの間に切り目を入れ、ひっぱってはずします。手羽も同様にします。
むねの中央の骨を避けて切り目を入れ、半身を骨からはずし、もう一方も同じにします。ひと口大に切り分けます。

田舎風ローストチキン

ロースト針いらず

材料(4〜6人分) 1/6量で369kcal

とり肉(丸ごと) ——— 小1羽(約1kg)
A ｜ 塩 ——— 大さじ1/2
　｜ しょうゆ ——— 大さじ1 1/2
　｜ 白ワイン ——— 大さじ2
　｜ こしょう ——— 少々
サラダ油 ——— 大さじ1
たこ糸 ——— 20cm
＜野菜＞
　じゃがいも ——— 小5個(500g)
　小たまねぎ ——— 8個
　にんにく ——— 大1個(90g)
　ミニキャロット ——— 12本(120g)
B ｜ 塩・こしょう ——— 各少々
　｜ サラダ油 ——— 小さじ1
　エンダイブ ——— 1/2株(200g)

＜オレンジソース＞
　オレンジマーマレード ——— 50g
　水 ——— 大さじ2
　コアントロー* ——— 小さじ1/2
　しょうゆ ——— 小さじ1
＜卓上に＞ 塩・こしょう

*ソースの風味づけのコアントローはオレンジ風味のリキュールで、製菓用小びんが酒店で売られています。オレンジキュラソーやグランマルニエで代用できます。

前日下ごしらえ10分(つけおき時間は除く)　1は前日準備します

1　**肉に下味をつけます。** 肉は洗い、腹に血や脂肪のかたまりがあれば除く。水気をよくふく。Aは合わせる。厚手のポリ袋に肉を入れ、Aを表面と内側にこすりつける。袋の口をしばり、冷蔵庫にひと晩おく(a)。

調理30分

2　**野菜の下ごしらえをします。** じゃがいも…洗い、皮つきのまま電子レンジで約8分加熱する(ラップなし・途中で上下を返す)。皮をむいて半分に切る。 小たまねぎ、にんにく…にんにくは1片ずつ分ける。それぞれ皮つきのまま根元の部分を少し切り落とす。 にんじん…皮つきのまま洗う。

3　**肉の腹に野菜を詰めます。** ボールに2を入れ、Bを混ぜる。肉の腹にじゃがいもを約4切れ詰める(b)。手羽を後ろ手に組む。開き口に余分の皮がついていれば開き口を皮でかくす(なければそのまま)。むねを上にし、足先をたこ糸でしばる。

仕上げ調理50分

4　**焼きます。**
　1)オーブン皿にアルミホイルを敷いて網をのせる。とり肉をのせてサラダ油大さじ1(材料外)を塗る。残った野菜ものせる(c)。
　2)220℃のオーブンで35〜40分焼く(竹串を刺して汁が澄んでいれば焼けている)。途中20分くらいで、焼けた野菜をとり出す。

5　オレンジソースの材料を合わせて温めます。

6　**盛りつけ。** 肉が焼きあがってあら熱がとれたら、糸をはずしてリボンを飾る。エンダイブなどと盛りつける。ソース、塩、こしょうを添える。

献立例＆アドバイス

トマトとモッツァレラのカプレーゼp.6／スモークサーモンのマリネp.9／パン
ローストチキンの詰めものは、ピラフや野菜など。
詰め方は思うよりずっとかんたん！紙ナプキンを添えて豪快にめしあがれ。

a_ポリ袋の中で下味をつけられるのでかんたん。

b_フィリング兼つけ合わせなので、下ごしらえもかんたんです。

c_網にのせると余分な脂が落ちます。とりの上側だけがこげるようなら、途中でホイルをかぶせます。

おいしいおもてなし ごちそうメイン料理

おいしいおもてなし

|34| ごちそうメイン料理

大人数のときは紙皿や紙コップを利用しても。かたづけがらくです。

にこにこミートローフ
ハンバーグ生地で　＊持ち寄りOK!

材料(4〜6人分)　　1/6量で303kcal

<肉あん>
- 合びき肉 — 400g
- たまねぎ — 1/2個(100g)
- パン粉 — 30g
- 牛乳 — 大さじ2
- 卵1個　塩小さじ1/2
- ナツメグ・こしょう各少々

<肉あんの中>
- (目)グリーンアスパラガス — 2本
- (目)ミニキャロット — 100g
- (口)赤ピーマン — 大1個(150g)
- クッキングシート — 30×25cmを2枚

<飾り用>
- ミニトマト — 8個
- ブロッコリー — 大1株(250g)
- (目)スティックチーズ — 1本
- (目)そば(または細いパスタ) — 2本
- (リボン)ファルファッレ(パスタ)　30g

<ソース2種>
A
- トマトケチャップ — 大さじ2
- マヨネーズ — 大さじ2

B
- ウスターソース — 大さじ2
- トマトケチャップ — 大さじ3
- ドミグラスソース — 大さじ3

調理50分　前日作りおけます

1　肉あんを作ります。
1) たまねぎ…みじん切りにする。赤ピーマン…縦長に6等分に切る(**2**と**5**に使う)。アスパラ…ゆでる。ミニキャロット…皮をむき、ゆでる。
2) ボールに肉あんの材料をすべて入れ、ねばりが出るまで手で混ぜる。2本作るので2等分にし、それぞれを(a)のように分ける。

2　肉あんを形づくります。　クッキングシート1枚に肉あんをのせて、写真(b)〜(e)のとおりに形づくる。2本作る。野菜は飾り用にも残す。

3　オーブンで焼きます。　オーブン皿に**2**を顔が逆さになる状態でクッキングシートごと置く。200℃のオーブンで20分焼く。クッキングシートをはずし、さらに5〜10分焼いて焼き色をつける。

4　飾りとソースの用意をします。　そば…少量の油で揚げる(フライパンを傾けながら揚げると少量の油で揚がります)。スティックチーズ…小口切り。ブロッコリー…小房に分けてゆでる。ファルファッレ…ゆでる(なるべく直前に)。AとBのソースの材料をそれぞれ合わせる。

仕上げ調理10分

5　盛りつけ。　ブロッコリーにチーズ、赤ピーマンをのせて顔を作り、そばを刺してとめる。ミートローフを切り分ける。野菜、ファルファッレと盛り合わせ、ソースを添える。

献立例＆アドバイス

コーンポタージュ／フルーツサンドイッチ

誕生会など、子どもと一緒に作っても。どこを切ってもにこにこ顔が出てきて楽しめます。野菜もパクパク食べそうです。

---

a_肉あんを区分けします。
イ　ロ　ハ

b_(イ)の肉を約15×11cmの長方形にし、目のアスパラかキャロットを2列にのせ、間に(ロ)を棒状にはさみます。

c_シートを持って丸くします。

d_口になるピーマンをのせ、上に(ハ)をかぶせます。

e_シートの端を持ってゆすり、形を整えます。シートをそのまま巻きます。

おいしいおもてなし　ごちそうメイン料理

豚肉の梅肉重ねレンジ蒸し
電子レンジで7分

材料(4〜6人分)　　1/6量で190kcal

- 豚肩ロース肉(薄切り) ―――― 400g
- ねぎ ――――――――― 2〜3本
- かいわれだいこん ―― 1/2パック(20g)

＜梅肉だれ＞
- 梅干し ――――――― 90g(5〜8個)
- しその葉 ―――――――― 10枚
- 酒・しょうゆ・みりん ―― 各大さじ1

＊梅干しは塩分10％を使用した場合の分量です。塩からい梅干しなら、分量を減らしてください。

a_たれをはさみながら肉を重ねて山にし、緑のねぎの上にのせます。

調理15分　1と2は前日準備できます

1. **梅肉だれを作ります。** 梅干し…種を除いて果肉を包丁でたたく。梅肉と調味料を合わせる(しその葉はあとで)。
2. **野菜を切ります。** ねぎの白い部分…芯を除き、約5cm長さのせん切りにして水に5分ほどさらし、水気をきる(しらがねぎ)。ねぎの芯と緑の部分…包丁の腹で軽くつぶす。

仕上げ調理15分

3. **肉に梅肉だれをはさみます。** しその葉をあらみじん切りにして、たれに混ぜる。肉を200gずつに分ける。1枚ずつ広げ、梅肉だれを等分に塗って重ね、山にする(a)。残りも同じようにして2山作る。少し深さがある皿に、ねぎの芯と緑の部分を敷いて肉をのせ、ラップをかぶせる。
4. **電子レンジで6〜7分加熱します。** 火が通ったら、肉の上にしらがねぎをのせて30秒加熱し、とり出す。蒸し汁はとりおく。
5. **盛りつけ。** 肉を食べやすく切ってねぎと盛りつけ、かいわれを添える。蒸し汁を添え、かけて食べる。

献立例＆アドバイス

わたりがにのから揚げ p.13／炒めなます p.68／漬けもの p.70／ごはん
とにかくかんたんで懐にやさしいメイン料理です。さっぱり味なので、揚げものと組み合わせてはいかがでしょう。

牛肉のたたき

肉は焼いておけます　*持ち寄りOK!

材料(4人分)　　　1人分 322 kcal

- 牛ロース肉(かたまり) ……… 400g
- A
  - 黒粒こしょう ……… 大さじ1½
    （粗くつぶす）
  - にんにく(すりおろす) … 1片(10g)
  - 塩 ……… 小さじ1
- サラダ油 ……… 大さじ½
- ＜野菜＞
  - たまねぎ ……… ½個(100g)
  - セロリ ……… 1本(100g)
- ＜薬味・たれ＞
  - 万能ねぎ(小口切り) ……… 10本
  - だいこんおろし ……… 150g
  - わさび(生) ……… 少々
  - みりん ……… 大さじ2
  - しょうゆ ……… 大さじ3

調理30分　前日作りおけます

1. **肉に下味をつけます。**　肉は室温にもどしてから、Aをもみこみ、10分ほどおく。
2. **肉の表面を焼きます。**　フライパンに油を熱し、強火で肉の表面全体に焼き色をつける(a)。アルミホイルにとって包むか、またはボールをかぶせて余熱でむらしながらさます。
3. **野菜を塩もみします。**　たまねぎ…薄切り。セロリ…筋をとって斜め薄切り。合わせて塩少々(材料外)をふり、しんなりしたら水気をしぼる。

仕上げ調理10分

4. **盛りつけ。**　小鍋でみりんを加熱し、煮立ったところにしょうゆを加えて火を止める(たれ)。薬味を用意する。皿に**3**を敷き、肉を薄く切って盛りつける。万能ねぎを散らし、薬味とたれを添える。

a_1分くらいずつ面をずらしながら焼き、表面全体に焼き色をつけます。

献立例&アドバイス

甘えびの紹興酒風味漬け p.12／生麩の田楽 p.16／炒めなます p.68／焼きおにぎりの茶漬け

たたきは、サラダ野菜や洋風ドレッシングも合うので、洋風の献立も考えられます。肉を前日に焼いておけば、当日は切るだけ。

おいしいおもてなし　ごちそうメイン料理

おいしいおもてなし ㊳ ごちそうメイン料理

お酒の飲めない人用に、ウーロン茶やジュース、ミネラルウォーターも用意しておきましょう。

たっぷり揚げびたし

作っておけます　*持ち寄りOK!

材料(4人分)　1人分 190 kcal

- 豚ヒレ肉(かたまり) ── 200g
  - かたくり粉 ── 大さじ1½
- こんにゃく ── ½枚(100g)
- 揚げ油 ── 適量

＜野菜＞
- なす ── 1個
- れんこん ── 80g
- かぼちゃ ── 120g
- みょうが ── 2個
- オクラ ── 8本

＜つけ汁＞
- にんにく(すりおろす) ── 1片(10g)
- 豆板醤(トーバンジャン) ── 小さじ1
- 砂糖 ── 大さじ1
- しょうゆ ── 大さじ4
- ごま油 ── 大さじ1
- 熱湯 ── カップ2

*野菜はほかに、アスパラガス、さやいんげん、ピーマン、ごぼうなど旬のものを好みで。

調理40分　前日作りおけます

1. つけ汁の材料を合わせます。
2. 材料を切り、水気をよくきります。　こんにゃく…厚みを半分に切り、片面に格子の切り目を入れて三角に切る。さっとゆでる。　れんこん…輪切りか半月切りにし、水にさらす。　かぼちゃ…約7mm厚さのくし形切り。　みょうが…縦半分。　オクラ…破裂防止に、包丁の先で切り目をひとつ入れる。　なす…長さ半分に切って6～8つ割り。　ヒレ肉…5～6mm厚さに切り、かたくり粉をまぶす。
3. 揚げて、つけ汁につけます。
   1) 揚げ油を中温(170℃)に熱し、野菜とこんにゃくを素揚げする(a)。油をよくきって、つけ汁につける。
   2) 油を高温(180℃)にし、肉を3～4分揚げる。つけ汁につける(b)。
4. 盛りつけ。　すぐにでも食べられますが、時間をおいて味がしみるとよりおいしい。

a_素揚げするだけです。油をよくきり、揚がったそばから汁につけます。

b_はじめから、盛りつける器につけておけば、そのまま「どうぞ」と食卓へ。

献立例 & アドバイス

のせ豆腐 p.13／白身魚のみそ漬け焼き／漬けもの p.70／ごはん／すまし汁
揚げびたしさえ作っておけば安心。また、精進揚げと同じで、季節の野菜で変化をつけることができます。

少々散らかっていても、自由に座れる場所や椅子、座ぶとん類があると落ち着けるもの。

おいしいおもてなし ㊵ ごちそうメイン料理

鴨のつけ焼き
グリルで焼くだけ ＊持ち寄りOK!

材料(4〜6人分)　　1/6量で 280 kcal

- 合鴨 ──────── 2枚(400g)
- ゆずの皮(せん切り) ──── 1/2個分
- ＜みそだれ＞
  - 赤みそ(仙台みそなど)　大さじ4(65g)
  - 砂糖 ──────── 大さじ4
  - 酒 ───────── 大さじ4
  - みりん ─────── 大さじ2
- ＜野菜＞
  - ねぎ ──────── 1 1/2本
  - エリンギ ─────── 2本
  - ししとうがらし ──── 12本
  - なす ───────── 2個
  - サラダ油 ────── 少々
  - 竹串 ──────── 4本

調理15分(つけおき時間は除く)　前日作りおけます

1. **鴨肉に下味をつけます。**
   1) 縦長に置き、皮側に3〜4mm間隔で切りこみを入れる(皮の厚みの2/3深さ)。
   2) みそだれの調味料を混ぜて厚手のポリ袋に入れ、肉をつけて空気を出し、口をしばる。1時間〜ひと晩(約8時間)、冷蔵庫に置く。

2. **野菜を切ります。** ねぎ…グリルに入るように白い部分の長さを半分に切る。エリンギ…約5cm長さの薄切り。ししとう…6本ずつを竹串2本ずつで刺す。なす…長さ半分の4つ割り(変色するので焼く直前に切る)。皮に切り目を1本ずつ入れる。

仕上げ調理25分

3. **グリルで焼きます。**
   1) グリルを予熱する。野菜に油をひと塗りし、両面を焼く(網から落ちる場合は、アルミホイルを敷く)。
   2) 肉のみそだれをこそげとる(たれは残す)。皮を上にして網にのせ(a)、強火から中火でようすをみながら4〜5分焼く。焼き色がついたら裏返し、6〜7分焼く(脂が落ちるので火に注意)。

4. **みそだれをひと煮立ちさせます。**

5. **盛りつけ。** ねぎは4〜5cm長さに切り、竹串は抜いて、野菜を盛りつける。肉のあら熱がとれたら5mm厚さに切って盛る。ゆずの皮を飾り、たれを添える。

a_皮の切り目から適度に脂が落ちて、おいしく焼けます。

献立例 & アドバイス

ぶどうときのこの白あえ p.17／秋の含め煮 p.69／さしみ／ひと口ごはん p.77
献立はほかにも、揚げだしどうふや、だいこんの煮もの、炊きこみごはんなど。
和風のふだんのおかずでも、きれいにそろうと素敵です。

おいしいおもてなし ごちそうメイン料理

とりのグリル焼き ねぎぽん酢
焼きとりを手軽に

材料(4人分)　　1人分 309 kcal

- とりもも肉(皮つき) ──── 2枚(500g)
  - (塩小さじ1/2強　酒大さじ3)
- ねぎ ──────────── 1本
- <野菜>
- しいたけ ─────────── 8個
- グリーンアスパラガス ──── 4本(80g)
- 長いも 200g(直径5cmなら8cm長さ)
- サラダ油 ──────────── 少々
- 七味とうがらし ───────── 少々
- 竹串 ────────────── 約20本
- ぽん酢しょうゆ(市販) ────── 適量

＊ぽん酢しょうゆを作る場合の材料(レモン汁大さじ1　しょうゆ大さじ2　だし大さじ3)

調理15分　1と2は前日準備できます

1. **とり肉の下処理をします。** 厚い部分に包丁を入れて開き、厚みを均一にする。皮側に竹串やフォークを刺して味をしみやすくする。
2. **野菜に串を刺します。** しいたけ…石づきをとる。アスパラガス…4～5cm長さに切る。長いも…2cm厚さの輪切りか半月切りにし、酢水(材料外)に通す。野菜を竹串に刺す。

仕上げ調理30分

3. **グリルで焼きます。**(ホットプレートでも焼けます)
   1) ねぎをみじん切りにする。
   2) 焼く15分くらい前に、とり肉に塩を手ですりこみ、酒をふる。
   3) グリルを予熱する。野菜に油を塗って網にのせる。こげないように竹串にアルミホイルをのせる。強めの中火で両面を焼く。
   4) 肉は皮を上にして約6分焼く。焼き色がついてきたら火を弱め、3～4分焼く。裏側も強→中火で5分ほど焼く。
4. **盛りつけ。** 肉を食べやすい大きさに切り、野菜と盛る。長いもには七味をふる。肉にねぎをのせ、ぽん酢しょうゆを添える。

献立例 & アドバイス

自家製ツナ p.11／春と秋の含め煮 p.69／あなごの混ぜごはん p.76／茶碗蒸し
おでんや鍋ものなどで、なにかもう1品というときも、こんな淡泊な味の肉料理は役立ちます。しめは、炊きこみごはんやチャーハンでも。

豚ばらのこっくり煮
煮ておけます　*持ち寄りOK!

材料(4〜6人分)　　1/6量で486 kcal

- 豚ばら肉(かたまり) ―――― 500g
- じゃがいも ―――― 3〜4個(500〜600g)
- にんにく(皮つき) ―――― 3片(30g)
- ねぎの緑の部分 ―――― 1本分
- 卵 ―――― 2個
- サラダ油 ―――― 大さじ1

＜煮汁＞
- A
  - 水 ―――― カップ2 1/2
  - 酒 ―――― カップ1/4
- B
  - しょうゆ ―――― カップ1/4
  - 砂糖 ―――― 大さじ3
  - みりん ―――― 大さじ3
  - 粗びきこしょう(黒) ―――― 小さじ1/3
- 練りがらし ―――― 適量

調理60分　前日作りおけます

1. **卵をゆでます。** 水から入れて、沸とう後7〜8分ゆで、殻をむく。
2. **材料を切ります。** 肉…3〜4cm角に切る。じゃがいも…よく洗い、皮つきのまま、肉の大きさに合わせて、丸ごとか半分に切る。
3. **肉をいためてから、煮ます。**
    1) 厚手の鍋に油を熱し、肉の全面を色づくまでよく焼く。肉をとり出し、肉から出た脂で、じゃがいも、にんにく(皮つきのまま)をいためる。
    2) いもに焼き色がついたらとり出し、鍋の脂をあける。鍋に、いも、にんにく、肉をもどし、ねぎの緑の部分、Aを加えて、強火にかける。煮立ったらアクをとり、落としぶたをして鍋のふたをずらしてのせ、弱めの中火で10分煮る。
    3) Bを加えてさらに20〜30分煮る。煮汁が少なくなったら、ゆで卵を加えて、煮汁をからめながら5分煮る。
4. **盛りつけ。** にんにくは皮をむき、卵は半分に切って、肉と盛り合わせる。からしを添えてもよい。

> **献立例＆アドバイス**
> れんこんの落とし揚げ p.16/香り野菜とかつおのづけサラダ p.66/ごはん
> 居酒屋風、おそうざい風の料理は親しみがわきます。
> 盛りつけや食器には少し力を入れて、もてなしの気持ちを伝えましょう。

とりの中国風照り焼き
オーブンで焼くだけ ＊持ち寄りOK!

材料(4人分)　　　　　　　1人分 473 kcal
とりもも肉(皮つき) ────── 2枚(500g)
北京ダック用のピン(市販) ──── 約10枚
　(または花巻き約8個)
＜つけ汁＞
　しょうが ────────── 1かけ(10g)
　ねぎの芯と緑の部分 ─────── 1本分
　八角 ─────────────── 1片
　シナモン ───────────── 小さじ1/4
　はちみつ ───────────── 大さじ1 1/2
　紹興酒 ───────────── 大さじ1 1/2
　しょうゆ ───────────── 大さじ1 1/2
　ごま油 ─────────────── 大さじ1
＜添え野菜＞
　ねぎの白い部分 ─────────── 1本分
　トマト ──────────────── 1個
＜醤(ジャン)＞
　甜麺醤(テンメンジャン) ─────────── 大さじ1
　豆板醤(トーバンジャン) ─────────── 小さじ1/2

調理15分(肉のつけおき時間は除く)　**1は前日準備できます**

1. **とり肉をつけ汁につけます。** しょうがは薄切り、ねぎの芯と緑の部分は4つ割りにし、つけ汁の材料をボールに合わせる。とり肉の皮側に竹串やフォークで穴をあけてから、つけ汁につけて30分以上おく。ひと晩冷蔵しても。
2. **添え野菜と醤を用意します。** ねぎの白い部分は5cm長さのせん切りにし、水にさらして水気をきる。トマトは半分に切ってから、切り口を下にしてごく薄く切る。

仕上げ調理15分

3. **肉を焼きます。** オーブン皿にアルミホイルを敷いて網をのせ、肉をのせる。220℃のオーブンで約10分、色よく焼く(グリルなら、ようすを見ながら強火から中火にし、6～7分ずつ両面を焼く)。
4. **ピンなどを温めます。** 蒸し器で蒸し直すか、電子レンジで加熱する(レンジの場合は水を少しかけてラップをする)。
5. **盛りつけ。** 肉は切り、野菜と盛る。トマトは皮側を上にして重ねて花にする。醤を添える。ピンや花巻で肉などをはさんで食べる。

献立例&アドバイス
わたりがにのから揚げ p.13／えびとはるさめの豆豉煮 p.63／中華風サラダ／スープ
ものたりないようなら、しゅうまいなど市販の点心類を活用してもよいでしょう。

エスニックチキン
ひと晩つけて焼くだけ ＊持ち寄りOK!

材料(4人分) 　　1人分 472kcal

- とりもも肉(骨つき) ───── 4本(1kg)
- サラダ油 ─────────── 大さじ1 1/2
- ＜つけ汁＞
  - にんにく(すりおろす) ── 2片(20g)
  - レモン汁 ───── 1個分(約大さじ2)
  - 赤とうがらし(小口切り) ──── 1本
  - ナムプラー ─────────── 大さじ2
  - はちみつ ──────────── 大さじ1
  - 塩 ─────────────── 小さじ1/2
  - 香菜(みじん切り) 大さじ1(約4枝分)
- ＜つけ合わせ＞
  - 香菜 ──────────────── 5枝
  - ライム ──────────────── 1/2個
  - とうがらし(赤・オレンジ・黄) 1〜3本

＊とうがらしは飾り用です。写真はV字に切りこみを入れて水に放したもの。ひりひりするので、なるべくじかに指がふれないように。

前日下ごしらえ10分(つけおき時間は除く) 　**2まで前日準備します**

1. **とり肉の下処理をします。** 皮側に竹串やフォークを刺して、味をしみこみやすくする。内側の骨の両脇に切りこみを入れ、あとではずしやすくする。
2. **とり肉をつけ汁につけます。** 厚手のポリ袋につけ汁の材料を合わせる。肉を入れて空気を出し、口をしばる。冷蔵庫にひと晩おく。

仕上げ調理50分

3. **オーブンで焼きます。**
   1) オーブン皿にアルミホイルを敷いて網をのせ、肉を並べる。肉に油を塗る。
   2) 220℃のオーブンで30〜40分焼く。
4. **盛りつけ。** つけ合わせを添える。

▶献立例 & アドバイス

生春巻き p.12／揚げ魚のアジアンサラダ p.64／ごはんまたはフォー
ローストチキンも変わり味なら珍しがられそう。野菜も用意しましょう。
えびせんべい(市販・中華材料コーナーなどで)を揚げれば、つまみにもってこい。

おいしいおもてなし ごちそうメイン料理

部屋の隅に軽い香りを焚く、キャンドルの光を灯す。日常を離れてリラックスできます。

おいしいおもてなし **46** ごちそうメイン料理

ピリ辛スペアリブ

たれにつけて焼くだけ　＊持ち寄りOK!

材料(4人分)　　1人分 686 kcal

豚スペアリブ(5〜6cm長さのもの)＊ — 800g
A
　にんにく(すりおろす) — 1片(10g)
　コチュジャン — 大さじ2
　砂糖 — 大さじ2
　酒・しょうゆ — 各大さじ2
　ごま油 — 大さじ2
サンチュ — 1パック(80g)
＜長いものナムル＞
　長いも — 200g
　りんご(または梨) — 1個
B
　塩 — 小さじ1/3
　砂糖・酢 — 各小さじ1
　ごま油 — 小さじ1
糸とうがらし — ひとつまみ

＊スペアリブが長い場合は、店で切ってもらいます。

下ごしらえ10分(つけおき時間は除く)　**1は前日準備できます**

1　スペアリブに下味をつけます。　厚手のポリ袋にAを合わせる。スペアリブを入れてもみ、空気を抜いて袋の口をしばる(a)。1時間以上おく。できればひと晩(約8時間)冷蔵しておくと味がよくしみこむ。

仕上げ調理30分

2　ナムルを作ります。　長いも、りんごを細切りにし、Bであえる。
3　スペアリブを焼きます。　オーブン皿にアルミホイルを敷き、網をのせてスペアリブを並べる(b)。180℃で約25分、オーブンで焼く。
4　盛りつけ。　ナムルは糸とうがらしを飾る。サンチュを添え、スペアリブなどをのせて食べる。

a_袋の空気を抜いて、全体に味がからまるようにして冷蔵します。

b_網にのせて焼くと、余分な脂が落ちておいしい。ホイルを敷けば、汚れ落としがらくです。

献立例 & アドバイス

水菜の韓国風あえもの p.14／チャプチェ p.65／魚介とわけぎのチヂミ p.85／スープ
大皿盛りでは、まわりに野菜をのせ、中央にスペアリブを盛りつけても豪華な印象です。
パーティの最中に焼けば、焼けるにおいも期待感をあおります。

白いシンプルな器は無難ですが、ちょっと単調。色つきの器が何点か加わるとアクセントになります。

おいしいおもてなし 48 ごちそうメイン料理

魚介のミックスオーブン焼き
分量の加減がききます

材料(4人分) 　1人分 **358** kcal

<魚介>
- えび(有頭・殻つき)* ーーーーー 4尾(150g)
- ロールいか ーーーーーーーーー 200g
- ほたて貝柱 ーーーーーー 4個(100g)
- きす(開いたもの) ーーーー 4尾(140g)
- めかじき ーーーーー 1〜2切れ(120g)
- 塩 ーーーーーーーーーーー 小さじ1
- こしょう ーーーーーーーーーー 少々
- 白ワイン ーーーーーーーーー 大さじ2

<野菜>
- にんにく ーーーーーーー 2片(20g)
- たまねぎ ーーーーーー 小1個(150g)
- トマト(中玉) ーーーーー 8個(400g)
- レモン ーーーーーーーーーー 1/2個
- イタリアンパセリ(飾り用) ーーーー 4枝

<香味パン粉>
- パン粉(細かいもの)** ーーーーー 60g
- オリーブ油 ーーーーーー 大さじ2 1/2
- イタリアンパセリのみじん切り ーー 6枝分

*魚介類は量がほぼ同じなら、種類は好みでかまいません。"天ぷらセット"と売られているものも利用できます。また、野菜の量も加減できます。
**ふつうのパン粉は、クッキングカッターにかけるか、ポリ袋の上からめん棒でつぶして、細かくします。

調理20分

1. **魚介の下ごしらえをします。** えび…頭と尾の1節を残して殻をむき、背わたをとる。 いか…5〜6cm角に切る。 めかじき…1切れを2〜3つずつに切る。 全部に塩、こしょう、ワインをふる。
2. **野菜と香味パン粉を用意します。** にんにく…薄切り。 たまねぎ…約1cm厚さの輪切り。 香味パン粉…合わせる。

仕上げ調理30分

3. **パン粉をまぶし、オーブンで焼きます。**
   1) 魚介の水気を軽くふいて、香味パン粉をまぶす(a)。たまねぎにもまぶす。オーブン皿にのせ、にんにくを1切れずつのせる。あいたところにトマトを並べる(b・枝つきならそのまま)。
   2) 220℃のオーブンで約20分、色よく焼く。トマトは途中10分ほどでとり出す。
4. **盛りつけ。** レモン、イタリアンパセリを飾る。

a_香味パン粉をまぶします。魚介のしめり気だけでつきます。

b_写真は約半量。オーブンの大きさに合わせ、分けて焼きます。

おいしいおもてなし **49** ごちそうメイン料理

| 献立例 & アドバイス

ソーセージとジャーマンポテト p.11／生野菜サラダ／きのこのキッシュ p.90
とりあえずの料理があれば、オーブン焼きは食べている間に焼けます。
生野菜を添えて目にも舌にもフレッシュ感を出すと満足できます。

おいしいおもてなし **50** ごちそうメイン料理

白身魚のアクアパッツァ

フライパンひとつで作れます

材料(4人分)   1人分 240 kcal

白身魚* ――――――――― 2尾(約800g)
　(塩小さじ$\frac{1}{4}$　こしょう少々)
あさり(砂抜きずみ) ――――――― 12個
ドライトマト(説明はp.94) ――― 20g
アンチョビ(あらみじん切り) ――― 2枚
ケッパー ―――――――――― 大さじ1
　A[白ワイン大さじ3　水カップ1]
オリーブ油 ―――――――――― 大さじ2
<飾り用> イタリアンパセリ ――― 3枝
<クスクス>**
　クスクス ――――――――― 100g
　熱湯 ――――――――――― カップ1
　オリーブ油 ―――――――― 大さじ$\frac{1}{2}$
　塩 ―――――――――――― 小さじ$\frac{1}{6}$

＊魚はたい、すずき、いさき、かさごなどで。左写真はかさご。切り身魚でも作れます。
＊＊クスクスの説明はp.94。つけ合わせはほかに、バゲットやショートパスタなどでも。

調理20分　<mark>1と2は前日準備できます</mark>

1　**魚の下ごしらえをします。**　一尾魚は、うろこ、えら、内臓を除き、ひれも切り落とす(a)。洗って水気をふく。身の厚い部分に切り目を入れる。両面に塩、こしょうをふって10分ほどおく。

2　**ドライトマトをもどします**(b)。　カップ$\frac{1}{4}$くらいの湯につけてもどす。水気をきり、細かく切る。

仕上げ調理20分

3　**魚を焼いてから煮ます。**
　1)魚の水気をふく。大きめのフライパンにオリーブ油を熱し、強火で魚の両面を焼く。焼き色がついたら、魚の周囲の油をふき、ドライトマト、あさり、アンチョビ、ケッパー、Aを加える。
　2)沸とうしたら中火にし、ふたをして5〜6分煮る。あさりの殻が開き、煮汁に少しとろみが出てきたらできあがり。

4　**クスクスを電子レンジで加熱します。**　器にクスクスの材料を全部入れて混ぜる。ラップをして約3分加熱。ラップをしたまま2分むらす。

5　**盛りつけ。**　イタリアンパセリをあらみじんに切ってふり、クスクスを添える。

献立例＆アドバイス

ひと口フリット p.8／ポテトサラダのテリーヌ p.62／シーザーサラダ p.58
アクアパッツァはすぐ作れるので、準備の時間があまりないときにもおすすめです。
おいしいスープをクスクスにしみこませてめしあがれ。

切り身魚(4〜6切れ)でも同じように作れます。写真はたい。

a_魚店で内臓などを除いてもらえば、あとは、ひれをはさみで切るだけ。一尾魚も気楽に使えます。

b_ドライトマトは湯に約10分つけてもどします。商品によって、乾燥や塩味の具合が多少違うので、少し食べてようすをみます。

おいしいおもてなし ごちそうメイン料理

白身魚の紙包み焼き
包んで焼くだけ

材料(4人分) 　1人分 316 kcal

白身魚* ―――――― 4切れ(400g)
<野菜など>
　たまねぎ ―――――― 1/2個(100g)
　にんにく ―――――― 1片(10g)
　エリンギ ―――――― 2本(80g)
　しめじ ―――――― 1パック(100g)
　ズッキーニ(黄または緑色)　3〜4cm
　ミニトマト ―――――― 8個
　黒オリーブ(種抜き) ―――――― 8個
<調味>
A ┌ 塩 ―――――― 小さじ1/2
　│ オレガノ(乾燥) ―――――― 小さじ1/2
　│ こしょう ―――――― 少々
　│ 白ワイン ―――――― 大さじ4
　└ オリーブ油 ―――――― 大さじ4
<紙>
　クッキングシート ―― 30cm角を4枚
　卵白 ―――――― 少々

*魚は、たい、きんめだい、生たらなどが向きます。淡泊な味つけなので魚の新鮮さがものをいいます。

調理10分　**1は前日準備できます**

1 **野菜を切ります。**　たまねぎ、にんにく…薄切り。エリンギ…4〜5cm長さの薄切り。しめじ…ほぐす。ズッキーニ…6〜7mm厚さの半月切り。トマト、黒オリーブ…半分に切る。

仕上げ調理30分

2 **紙包みを4つ作ります**(包んだら、時間をおかずに焼きます)。
　1)クッキングシートを広げ、それぞれ中央にオリーブ油少々(材料外)を塗る。
　2)たまねぎを敷いて魚を置き、魚の上に、ほかの野菜と黒オリーブをのせる。
　3)Aを順にふりかける。
　4)シートの縁に卵白を塗って、とじる(a)。

3 **焼きます。**　オーブン皿に2をのせ、紙包みの底がひたる程度の水をはる。220℃のオーブンで15〜20分、紙の端が少しこげるくらいまで焼く。包みがふくらんでいるうちに、食卓に出す。

a_4辺に卵白を塗り、紙を中央で貼り合わせてから、端から巻きこみます。クリップを利用するとやりやすい。

献立例&アドバイス
まぐろとアボカドのタルタル風 p.10／カポナータ p.56／シンプルピザ p.92
紙包み焼きは材料を用意しておくと、包む間だけ、ちょっと席をはずせば、オーブンが焼いてくれます。包みを開けるときの楽しみもごちそうのうち。

白身魚の紹興酒蒸し

20分蒸してできあがり

材料(4人分)　　　1人分 212 kcal

たい	2尾(600g)
塩	小さじ1
A 紹興酒	大さじ1
しょうゆ	大さじ1/2
B ねぎ(緑の部分と芯)	1本分
しょうが(薄切り)	1かけ(10g)
<飾り野菜>	
ねぎ(白い部分)	1本分
赤と黄のピーマン	各大1/4個(40g)
香菜(シャンツァイ)、またはみつば	2~3本
<たれ>	
C しょうがのみじん切り	大さじ1/2
ねぎのみじん切り	大さじ1
紹興酒・しょうゆ	各大さじ1
オイスターソース	大さじ1
砂糖	小さじ1
サラダ油	大さじ2

調理20分　1の1)と2、3は前日準備できます

1 **たいの下ごしらえをします。**
　1) うろことえらを除く。裏になる側の腹に切りこみを入れ、内臓を除く(以上は魚店で頼んでも)。水で洗い、水気をふきとる。
　2) 盆ざるにのせて塩をふり、約15分おく。

2 **飾り野菜を切ります。**　ねぎ…7~8mm角の色紙切りにし、水にさらして水気をきる。　ピーマン…約7mm角の色紙切り。

3 **Cのたれの材料を合わせます。**

仕上げ調理30分

4 **たいを蒸します。**
　1) 少し深さのある皿にBの半量を敷き、たいを水気をふいてのせる。Aをふりかけ、残りのBをのせる。
　2) 蒸し器に入れ(a)、蒸気がたったところにのせてふたをし、強火で20分蒸す。

5 **食卓で油をかけます。**　たいを皿に盛りつけて2の野菜と香菜をのせ、食卓に出す。Cのたれをかける。小鍋でサラダ油を熱し、熱々をたいにかける(b)。

a_皿の下にふきんを敷いておくととり出しやすい。

b_ジュー！という音で盛りあがります。油はねするので、周囲に気をつけます。

献立例&アドバイス

牛タンの粗塩焼き p.15／はるさめサラダ／びっくり中華おこわ p.78／スープ
用意ができるまで肴やサラダで場をもたせ、いざお楽しみ。
酒蒸しに油をかければ、演出効果抜群。おこわは事前に蒸しておき、温めなおします。

おいしいおもてなし　ごちそうメイン料理

おいしいおもてなし **54** ごちそうメイン料理

鯛の姿焼き

オーブンでつけ合わせも一緒に焼けます

材料(4人分)　秋のつけ合わせの場合1人分 187 kcal

たい ー・ー・ー・ー・ー・ー・ー・ー 1尾(500g)
塩(鯛の重量の2〜3%)ー・ー・ー・ー 小さじ2
塩(化粧塩用) ー・ー・ー・ー・ー・ー 適量

＜秋のつけ合わせ＞
　栗の甘露煮* ー・ー・ー・ー・ー・ー 8個
　ぎんなん(殻つき) ー・ー・ー・ー 12個
　はまぐり(砂抜きずみ) ー・ー・ー 大8個

＜春のつけ合わせ＞
春のつけ合わせの場合1人分 125 kcal
　山菜(たらの芽)** ー・ー・ー・ー・ー 8個
　はまぐり(砂抜きずみ) ー・ー・ー 大8個

**山菜はゆでて、だしとしょうゆなどで軽く煮ます(春と秋の含め煮p.69を参考に)。ほかに、菜の花、こごみ、うるい、うど、ふきなど。

*栗は鬼皮つきを使ってもよいでしょう。鬼皮を少し割り、そのままオーブンで焼いて、盛りつけます。

調理30分　1の1)と2、3は前日準備できます

1. **たいの下ごしらえをします。**
   1) うろこをこそげとる。えらを除き、盛りつけで裏になる側の腹に切りこみを入れて、内臓を除く(魚店に頼んでも)。水で洗い、水気をふきとる。
   2) 盆ざるにのせて両面に塩をふり、約20分おく。
2. **はまぐりの下ごしらえをします。** ちょうつがいの部分を切り落とす(a)。
3. **つけ合わせの下ごしらえをします。** 甘露煮…汁気をふきとる。 ぎんなん…殻に割り目を入れる。

仕上げ調理25分

4. **オーブンで焼きます。**
   1) 塩(化粧塩用)を用意する。たいの水気をふき、ひれを広げながら、塩をたっぷりつける(b)。ひれ全部につけ、胸びれと尾びれには、アルミホイルを巻く。
   2) はまぐりをさっとぬらし、上側の殻を塩(化粧塩用)に押しつける。
   3) オーブン皿にアルミホイルを敷いて網をのせ、たいを表を上にしてのせる。はまぐり、ぎんなん、栗ものせる(c)。250℃のオーブンで15〜20分焼く。
   4) 5〜6分たって栗とはまぐりが焼けたらとり出し、ぎんなんは10分ほどでとり出す。
5. **盛りつけ。** ぎんなんは殻をとって串に刺す。はまぐりは上側の殻を開ける。

a_ はまぐりのちょうつがい(後ろのでっぱり)を落とすと、殻が自然に開かないので、汁がこぼれません。

b_ 化粧塩をたっぷりつけ、さらにアルミホイルでおおうので、ひれがこげません。

c_ オーブン皿にすべてのせて焼けます。1度にのらない場合は、たいとそのほかと2回に分けて焼きます。たいは裏返しません。

おいしいおもてなし　ごちそうメイン料理

献立例 & アドバイス

れんこんの落とし揚げ p.16／春と秋の含め煮 p.69／赤飯／すまし汁
鯛の塩焼きはお祝いの席に晴れがましい一品。オーブンなら意外とかんたんです。添えるものに季節感をとり入れると風情が出て「さすが」といわれそう。

*持ち寄りOK!

カポナータ(野菜の煮こみイタリア風)
>>> 冷やしておくとおいしい

材料(4人分)　1人分 96 kcal
- トマト(完熟) ——— 1個(200g)
- なす ——— 2個
- たまねぎ ——— 1/2個(100g)
- 赤ピーマン ——— 大1/2個(70g)
- セロリ ——— 1/2本
- にんにく ——— 1片(10g)
- オリーブ油 ——— 大さじ2
- <調味>
  - 塩・砂糖 ——— 各小さじ1/2
  - こしょう ——— 少々
  - ワインビネガー(白) ——— 小さじ1

調理15分　前日作りおけます

1. **野菜を切ります。** にんにくは薄切りに、ほかの野菜は1～2cm角に切る。
2. **いため煮にします。** フライパンにオリーブ油とにんにくを入れて温め、香りがでたらトマト以外の野菜を加える。中火でいため煮にする。やわらかくなったら、トマトを加え、塩、砂糖、こしょうで調味する。火を止める間際に、ワインビネガーを加える。冷やしておくと、味がなじんでおいしくなります。

*持ち寄りOK!

野菜のグリル　アンチョビマリネ
>>> 作りおけます

材料(4〜6人分)　1/6量で178 kcal
- なす ―― 2個(140g)
- ズッキーニ ―― 1本(150g)
- 黄ピーマン ―― 大1個(150g)
- しいたけ ―― 8個
- トマト* ―― 小3個(200g)
- オリーブ油 ―― 大さじ2〜3
  - (塩小さじ1/3　こしょう少々)
- <マリネ液>
- アンチョビ(きざむ) ―― 15g
- 赤とうがらし(小口切り) ―― 1本
- オリーブ油 ―― 大さじ6
- 白ワイン ―― 大さじ2
- にんにく(薄切り) ―― 2片(20g)
- <飾り用>
- アンチョビ(きざむ) ―― 15g
- バジル(きざむ) ―― 3〜4枚

*トマトは赤くかためのものがよく、あれば加熱調理用のトマトがおすすめです。

調理25分　前日作りおけます

1. **マリネ液を作ります。** フライパンにオリーブ油少々(材料外)を入れ、弱火でにんにくを薄茶色にいためて、調理用バットなどにとり出す。バットにマリネ液の材料を加え、混ぜる。
2. **野菜を切ります。** なす…縦に7〜8mm厚さに切る。ズッキーニ…長さを半分にし、なすと同じに切る。黄ピーマン…縦8つ割り。しいたけ…軸を除く。トマト…へたをとり、縦に4つ割り。
3. **野菜を焼きます。** フライパンにオリーブ油をひき、野菜の両面を焼く。きれいに焼けるように2〜3回に分け、木べらで軽く押さえるように焼くとよい。塩、こしょうをふってからマリネ液につける。
4. **冷やして味をなじませます。** 盛りつけて、飾り用のアンチョビとバジルをのせる。

おいしいおもてなし　ほっとひと息サブ料理

シーザーサラダ
>>> ベーコンやアンチョビのうま味で

材料(4人分) 　1人分 342 kcal

- フランスパン ── 6cm(50〜60g)
- にんにく ── 1片(10g)
- ベーコン ── 2枚(40g)
- オリーブ油 ── 大さじ3½
- パルミジャーノ・レッジャーノ*
  (かたまり) ── 10g
- <サラダ野菜>
  - ロメインレタス ── 100g
  - トレビス ── 50g
- <ドレッシング>
  - A
    - にんにく(すりおろす) 小1片(5g)
    - アンチョビ(きざむ) ── 15g
    - パルミジャーノ・レッジャーノ(粉)
      ── 大さじ2(約12g)
    - 卵黄 ── 1個
  - 白ワイン ── 大さじ1
  - レモン汁 ── 大さじ½
  - オリーブ油 ── 大さじ3
  - 塩・こしょう ── 各少々

調理20分

1. **材料の下ごしらえをします。** サラダ野菜…3〜4cm角に切り、水にさらしてパリッとさせ、水気をきる。 パン…1〜2cm角に切る。 にんにく…薄切り。 ベーコン…1cm幅に切る。 かたまりのパルミジャーノ…皮むき器で薄くけずる。
2. **いためます。** フライパンにオリーブ油大さじ3を温め、にんにくを薄く色づくまでいためてとり出す。その油でパンを薄茶色にいためてとり出す。油大さじ½をたしてベーコンをカリッといためる。
3. **ドレッシングを作ります。** 大きめのボールにAを入れ、泡立て器でよく混ぜる。ワイン、レモン汁を順に混ぜ、油を少しずつ加えて混ぜる。味をみて、塩、こしょうでととのえる。
4. **盛りつけ。** 食べる直前に野菜をドレッシングであえ、盛りつける。2と薄切りのパルミジャーノを散らす。

*パルミジャーノは飾り用とドレッシング用に使います。飾りは粉でもかまいません。パルミジャーノの説明p.94。

白身魚のカルパッチョ
>>> 少量のさしみでたっぷり作れます

材料(4人分)　　1人分 164 kcal

- 白身魚(さしみ用さく)* ―― 150g
- マーシュ ―― 1パック(20g)
  (またはベビーリーフ)
- <みじん切り野菜>
  - 黄ピーマン ―― 大1/4個(30g)
  - トマト ―― 30g
    (またはミニトマト3個)
  - きゅうり ―― 1/4本
  - セロリ ―― 1/4本
  - イタリアンパセリ ―― 4〜5枝
- <ドレッシング>
  - ワインビネガー(白) ―― 大さじ1
  - レモン汁 ―― 大さじ1
  - 塩 ―― 小さじ1/3
  - こしょう ―― 少々
  - オリーブ油 ―― カップ1/4

＊白身魚は、たいやひらめなどで。また、ほたて(生食用)もおいしい。

調理15分(冷凍時間は除く)

1. **魚を冷凍します。** 切りやすくするために、20分ほど冷凍して少しかたくする。
2. **野菜を切ります。** イタリアンパセリはみじん切りに、そのほかはあらみじんに切る。トマトの種は除く。
3. **ドレッシングの材料を合わせます。**
4. **盛りつけ。** 皿にマーシュを敷き、魚を薄いそぎ切りにして並べる。ドレッシングに**2**を加え、魚にかける。

とり分け用のサーバー、スプーン、とり箸は、特にきちんとしたおもてなしでは欠かせません。

*持ち寄りOK!

豆サラダ
>>> 作りおけます

おいしいおもてなし 60 ほっとひと息サブ料理

材料(4人分)　1人分 183 kcal

水煮豆*	200g
ロースハム	2枚
A　たまねぎ	1/4個(50g)
セロリ	1/4個(50g)
イタリアンパセリ	5枝
にんにく	1片(10g)

＜ドレッシング＞

レモン汁	大さじ1
ワインビネガー(白)	大さじ1
塩	小さじ1/3
こしょう	少々
オリーブ油	大さじ3

*豆はお好みのものならなんでもかまいません。写真の豆は、ミックスビーンズ(レッドキドニー、ひよこ豆、大豆)と、乾燥レンズ豆をもどしてゆでたもの。レンズ豆は水に10分ほどつけてから、15分ほどゆでてやわらかくします。

調理10分　前日作りおけます

1. **材料を切ります。** たまねぎ…あらみじん切りにし、水にさらして水気をきる。 セロリ、イタリアンパセリ…みじん切り。 にんにく…すりおろす。 ハム…1cmの角切り。

2. **ドレッシングであえます。** ドレッシングの材料を順によく混ぜ、Aを加える。豆とハムをあえ、1時間ほど冷蔵して味をなじませる。

*持ち寄りOK!

にんじんサラダ
>>> スライサーならかんたん

材料(4人分)　1人分 92 kcal

にんじん	1本(200g)
たまねぎ	1/4個(50g)
レーズン	20g
パセリのみじん切り	大さじ1
<ドレッシング>	
ワインビネガー(白)	大さじ2
塩	小さじ1/2
こしょう	少々
サラダ油	大さじ2

調理20分　前日作りおけます

1　下ごしらえをします。 レーズン…ぬるま湯につけてやわらかくし、水気をきる。 にんじん…5〜6cm長さのせん切りにするか、スライサーで切る。塩小さじ1/3(材料外)をふって10分ほどおき、水気をしぼる。 たまねぎ…すりおろす。

2　ドレッシングで全部をあえます。1時間ほど冷蔵して味をなじませる。

フルーツサラダ
>>> 年中あるフルーツで

材料(4人分)　1人分 64 kcal

キウイフルーツ	2個
(あればゴールドも)	
グレープフルーツ	1個
きゅうり	1本
ハーブ*のみじん切り	小さじ1
<ヨーグルトソース>	
プレーンヨーグルト	50ml
レモン汁・はちみつ	各小さじ2

調理15分

1　野菜とフルーツを切ります。
きゅうり…縞目に皮をむき、約2mm厚さの小口切り。塩小さじ1/4(材料外)をふって5分ほどおき、水気をしぼる。 キウイ…皮をむいて、4〜5mm厚さの輪切り。 グレープフルーツ…1房ずつ実をとり出し、ペーパータオルにのせる。

2　直前にソースであえます。
ボールにソースの材料を合わせ、水気が出やすいので、食べる直前に全部をあえる。あればハーブの枝(写真はタラゴン)を飾る。

*ハーブはタラゴン、ディル、ミントなど個性的な香りのものが入ると味がしまります。好き嫌いがあるようなら省略しても。

おいしいおもてなし　ほっとひと息サブ料理

*持ち寄りOK!

ポテトサラダのテリーヌ
>>> いつものポテサラをおしゃれに

材料（約850mℓのパウンド型など1個分・4～6人分）　1/6量で118kcal

- じゃがいも　　　　　500g(3～4個)
- A
  - 塩　　　　　　　　小さじ1/3
  - こしょう　　　　　　少々
  - バター　　　　　　　20g
- マヨネーズ　　　　　　大さじ3

＜中に入れる野菜＞
- グリーンアスパラガス　　2本
- きゅうり　　　　　　　1/2本
- にんじん　　　　　　　50g
- かぼちゃ　　　　　　　50g
- 赤ピーマン　　　大1/2個(80g)
- オクラ　　　　　　　　4本

＜つけ合わせ＞
- 生ハム　　　　　　　4～6枚
- セルフィーユ　　　　　4枝
（またはクレソン・イタリアンパセリ）

調理60分　前日作りおけます

1. **マッシュポテトを作ります。** じゃがいもは皮つきのまま20～30分やわらかくゆで、熱いうちに皮をむいてつぶし、Aを混ぜる。あら熱がとれたら、マヨネーズを混ぜる。

2. **野菜を切り、ゆでます。**
   1) アスパラガス…根元の皮をむく。 きゅうり、にんじん、赤ピーマン…きゅうりは4つ割り、にんじん、ピーマンも同じくらいの太さに切る。 かぼちゃ…皮つきで約7mm厚さのくし形に切る。
   2) アスパラガス、にんじん、かぼちゃ、ピーマン、オクラを色よくゆでる。またはラップをして電子レンジで1～2分加熱。

3. **型に詰めます。** 型にアルミホイルを敷く。マッシュポテト1/4量を平らに詰め、野菜を彩りよく型の長さいっぱい並べ(a)、これを3層くり返して、最後にポテトを詰める。ホイルの端をかぶせ、冷蔵庫に1時間ほどおいて、形をしっかりさせる。

4. **盛りつけ。** ホイルをとって切り分ける。包丁は切るたびにきれいにする。生ハムとセルフィーユを添える。

a_パウンド型のほか、四角い箱を利用できます。

*持ち寄りOK!

えびとはるさめの豆豉煮（トーチ）
>>> たっぷりあっても食べてしまいます

おいしいおもてなし 63 ほっとひと息サブ料理

材料（4人分） 1人分 288 kcal

- えび（無頭・殻つき） ── 300g
- A
  - 酒 ── 大さじ1
  - 塩・こしょう ── 各少々
  - かたくり粉 ── 大さじ1
- はるさめ（緑豆）* ── 100g
- 万能ねぎ ── 1/2束（50g）
- サラダ油 ── 大さじ3
- ＜スープ＞
- B
  - 水 ── カップ3
  - スープの素（チキン味） ── 大さじ1 1/2
- ＜香味野菜など＞
- C
  - しょうが（みじん切り） 1かけ（10g）
  - にんにく（みじん切り） ── 1片（10g）
  - ねぎ（みじん切り） ── 15cm
  - 赤とうがらし（小口切り） ── 1本
  - 豆豉**（あらみじん切り） 大さじ1 1/2
- ＜調味料など＞
- D
  - オイスターソース・しょうゆ 各大さじ1
  - こしょう ── 少々
  - ごま油 ── 大さじ1/2

調理30分

1. **スープを作ります。** Bをひと煮立ちさせる。Bをカップ1とり分け、はるさめをつけて約5分おき、もどす。
2. **えびの下ごしらえ。** 尾の先を切り落とし、尾を包丁でしごいて水気を出し、洗う。尾の1節を残して殻をむき、背に切り目を入れて開き、背わたをとる。ボールにえびとAを入れ、手でよくもみこむ。
3. **材料を切ります。** はるさめ…食べやすい長さ。万能ねぎ…4～5cm長さ。Cを切って合わせる。
4. **いためます。**
   1) 中華鍋にサラダ油大さじ3を熱し、えびを入れ、ほぼ焼けたらとり出す。
   2) 鍋のよごれをざっとふいてCを入れ、弱めの中火で軽くいためる。はるさめ、残りのスープ、Dを加え、強火でいためる。
   3) はるさめがスープをほぼ吸ったら、えびをもどして万能ねぎを加え、ひと混ぜする。

*「緑豆はるさめ」は加熱してもちぎれにくい。
**豆豉は、大豆を発酵させた中華材料です。写真はp.94。

揚げ魚のアジアンサラダ
>>> 辛味はとうがらしの量で調節

材料(4人分)　1人分 175 kcal

- たい(さしみ用・さく) —— 200g
- 塩 —— 少々
- 小麦粉 —— 大さじ2
- 揚げ油 —— 適量

<野菜など>
- 紫たまねぎ —— 1/2個(80g)
- きゅうり —— 1本
- セロリ —— 1本
- 香菜(シャンツァイ) —— 20g
- サニーレタス —— 1/2株(150g)
- バターピーナッツ —— 20粒(20g)

<ドレッシング>
- ナムプラー —— 大さじ2
- レモン汁 —— 大さじ1 1/2(約3/4個分)
- 砂糖 —— 小さじ1
- 水 —— 大さじ1
- とうがらし*
  (赤か青の生・小口切り) —— 2〜3本

*小形で辛いものの分量です。乾燥の赤とうがらし1〜2本で代用できます。

調理40分

1. **材料を切ります。** たまねぎ…薄切りにし、水にさらして水気をきる。きゅうり…皮を縞目(しま)にむき、縦半分に切ってから斜め薄切り。塩少々(材料外)をふっておき、水気をしぼる。セロリ…筋をとり、薄切り。香菜…3〜4cm長さ。レタス…ひと口大にちぎる。ピーナッツ…あらみじん切り。

2. **ドレッシングを作ります。** 大きめのボールに材料を合わせる(時間をおく場合はとうがらしは別にしておく)。分量の水は、味をみてから加減して加える。

3. **魚を揚げます。**
   1) たいを薄いそぎ切りにしてトレーに並べる。塩をふり、小麦粉をまぶす。
   2) 揚げ油を高温(180℃)に熱して、カリッと揚げる。

4. **盛りつけ。** レタスを皿に敷く。直前に、ほかの野菜とから揚げをドレッシングであえてのせる。ピーナッツを散らす。

*持ち寄りOK!

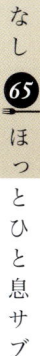

チャプチェ（はるさめと野菜の韓国風いためあえ）

>>> ボリュームがあります

材料(4人分)　1人分 267 kcal

- 牛肩肉(焼肉用) ———— 150g
- A
  - 砂糖 ———— 大さじ1/2
  - しょうゆ ———— 大さじ1
  - ごま油 ———— 大さじ1/2
  - にんにく(すりおろす) ———— 小さじ1/2
- 干ししいたけ ———— 3個
- きくらげ ———— 2g
- はるさめ(緑豆) ———— 50g
- たまねぎ ———— 1/2個(100g)
- にんじん ———— 50g
- ゆでたけのこ ———— 100g
- きゅうり ———— 1本
- 卵1個　(塩・サラダ油各少々)
- ごま油 ———— 大さじ2 1/2
- <調味>
- B
  - しょうゆ ———— 大さじ2
  - 砂糖 ———— 小さじ1
  - 塩・こしょう ———— 各少々
- すりごま(白) ———— 大さじ2
- <飾り用> 糸とうがらし ———— 適量

調理30分　1〜4は前日準備できます（はるさめ、きゅうりは当日）

1. 乾物をもどします。干ししいたけ、きくらげ…水でもどす。はるさめ…熱湯でもどし、5〜6cm長さに切る。
2. 肉に下味をつけます。細切りにし、Aをもみこむ。
3. 錦糸卵を作ります。卵に塩を混ぜ、中華鍋に油をひき、大きな薄焼き卵を1枚焼く。約5cm長さの細切りにする。
4. 野菜類を切ります。しいたけ…薄切り。きくらげ…細切り。たまねぎ…薄切り。にんじん、たけのこ…5cm長さの細切り。きゅうり…斜め薄切りにしてせん切り。
5. いためます。
   1) 中華鍋にごま油大さじ1/2を熱し、肉を焼いてとり出す。
   2) ごま油大さじ2をたし、きゅうり以外の4の野菜類をいためる。
   3) 火が通ったら、はるさめ、きゅうりを加え、肉をもどしてBで調味する。火を止め、すりごま、錦糸卵を混ぜる。盛りつけて糸とうがらしを飾る。

おいしいおもてなし　ほっとひと息サブ料理

おいしいおもてなし ⑥⑥ ほっとひと息サブ料理

香り野菜とかつおの づけサラダ
>>> さしみを利用

材料(4人分)　1人分 177 kcal

かつお(さしみ用・さく)* ── 250g
A │ しょうゆ ── 大さじ1 1/2
　│ 酒 ── 大さじ1/2
　│ みりん ── 小さじ1
　│ しょうが汁 ── 小さじ1
＜野菜＞
みょうが ── 1個
セロリ ── 1/2本(50g)
水菜 ── 50g
クレソン ── 1/2束
みつば ── 25g
＜ドレッシング＞
にんにく(薄切り) ── 1片(10g)
オリーブ油 ── カップ1/4
B │ 酢・レモン汁 ── 各大さじ1
　│ しょうゆ ── 大さじ1

＊まぐろでも作れます。

調理20分

1 **かつおをAにつけます。** かつおを1cm厚さに切ってAにつけ、15分ほどおく。

2 **野菜を切ります。** みょうが、セロリ…せん切り。 水菜、クレソン、みつば…4cm長さに切る。 全部を水につけてパリッとさせ、水気をきる。

3 **ドレッシングを作ります。** 鍋にオリーブ油を弱火で温め、にんにくを薄茶色にいためる。 ボールにBを合わせ、にんにくと油を混ぜる。

4 **盛りつけ。** 食べる直前に野菜とかつおを盛りつけ、ドレッシングをかける。

肉しゃぶサラダ
>>> ボリュームがあります

材料(4人分) 　1人分 226 kcal
- 豚しゃぶしゃぶ用肉* ―― 200g
- 海藻サラダ ―― 1/2パック(5g)
- そばの芽 ―― 1パック(140g)
- スプラウト ―― 1パック(60g)
- 卵 ―― 2個
  - サラダ油 ―― 少々
- <たれ>
  - すりごま(白) ―― 大さじ1
  - 砂糖 ―― 大さじ1/2
  - 酢 ―― 大さじ2
  - しょうゆ ―― 大さじ2
  - ごま油 ―― 小さじ1

＊肉は牛肉でも。また蒸しどりでもかまいません。氷を添えて涼しげに演出してもよいでしょう。

調理30分
1. **たれの材料を合わせます。**
2. **肉以外の材料の下ごしらえをします。** 卵…薄焼き卵を作り、細切りにする。 海藻サラダ…水につけてもどし、水気をきる。大きいものはちぎる。 そばの芽、スプラウト…根元を落とし、食べやすい長さに切る。
3. **肉をゆでます。** 熱湯に1枚ずつ入れてゆで、水気をきる。
4. **盛りつけ。** たれを添える。

おいしいおもてなし ほっとひと息サブ料理

洗面所のタオルやスリッパを新しくしたり、花を飾るなどでおもてなしの気持ちを表せます。

*持ち寄りOK!

炒めなます
>>> 作りおけ、重宝します

材料(4人分) 　1人分 98 kcal

だいこん	150g
にんじん	50g
れんこん	100g
干ししいたけ	2個
しらたき	50g
油揚げ	1枚
さやえんどう	10枚
ごま油	大さじ1
A 砂糖	大さじ1強
酢	大さじ2 1/2
うすくちしょうゆ	大さじ1
しいたけのもどし汁	大さじ1
塩	少々

調理25分　前日作りおけます

1 **下ごしらえをします。** 干ししいたけ…水につけてもどす。もどし汁はとりおく。 しらたき…熱湯でさっとゆでてアクを抜き、水気をきる。 油揚げ…熱湯をかけて油を抜く。 さやえんどう…筋をとり、さっとゆでる。

2 **材料を切ります。** だいこん、にんじん…4cm長さのたんざく切り。 れんこん…薄いいちょう切りにし、水にさらして水気をきる。 しいたけ…薄切り。 さやえんどう…斜め半分に切る。 しらたき…5cm長さに切る。 油揚げ…縦半分に切り、細切り。

3 **Aを合わせます。**

4 **いため煮にします。** 鍋にごま油を熱し、さやえんどう以外の材料をいためる。油がなじんだらAを加え、中火で汁気がなくなるまでいためる。盛りつけて、食べる前にさやえんどうを散らす。

おいしいおもてなし　ほっとひと息サブ料理

# 春と秋の含め煮
>>> 鍋ひとつで作れます

材料(春秋各4人分)
＊春秋どちらかの材料と、共通の煮汁で作ります。春1人分 76 kcal・秋1人分 98 kcal

<春の材料>
姫たけのこ(ゆでたもの) ──── 100g
うど ──────────── 1本(400g)
ふき(ゆでたもの)＊ ──────── 100g
桜麩(生麩) ──────────── 6cm
さやえんどう ──────────── 12枚
えび(無頭・殻つき) ──── 4尾(120g)

<秋の材料>
れんこん(細めのもの) ──── 150g
長いも ────────────── 200g
もみじ麩(生麩) ──────── 6cm
しめじ ──────── 1/2パック(50g)
さやいんげん ────────── 50g

<煮汁・春秋共通>
だし ──────────── カップ2
A [砂糖大さじ1　みりん大さじ2]
B | 塩 ─────────── 小さじ2/3
　 | うすくちしょうゆ ── 大さじ1/2

＊ふきはアクが強いので下ゆでします。
<ゆで方>茎を鍋に入る長さに切り、まな板の上で塩をふって手のひらで茎をころがし、塩をまぶしつけます(茎200gに対して塩小さじ1)。そのまま熱湯で2～3分ゆでます。水にとり、皮をむきます。

<春の含め煮> 調理30分
1　材料の下ごしらえをします。　うど、ふき…5cm長さに切り、うどは皮を厚めにむいて、酢水(水カップ1に酢小さじ1の割合)にさらす。桜麩…7～8mm厚さに切る。　えび…背わたをとる。　姫たけのこ…熱湯にさっと通す。　さやえんどう…筋をとり、さっとゆでる。
2　煮ます。　鍋にだしとAを入れ、姫たけのこ、ふき、うどを区分けしながら入れ、落としぶたと鍋のふたをして中火で約10分煮る。B、えび、麩を加えて弱火で2～3分煮、火を止める。

<秋の含め煮> 調理30分
1　材料の下ごしらえをします。　れんこん…1cm厚さの輪切りにし、水にさらす。　長いも…1cm厚さの半月切りにし、酢水(水カップ1に酢小さじ1の割合)にさらす。　もみじ麩…7～8mm厚さに切る。　しめじ…小房に分ける。　いんげん…ゆでて、4～5cm長さに切る。
2　煮ます。　鍋にだしとAを入れ、れんこん、長いもを区分けしながら入れ、落としぶたと鍋のふたをして中火で約10分煮ます。B、しめじ、麩、いんげんを加えて弱火で2～3分煮、火を止める。

おいしいおもてなし ⓰ ほっとひと息サブ料理

かんたん漬けもの

*持ち寄りOK!

漬けものは、箸休めやつまみ、サラダがわりにもなります。

ポリ袋で漬けられる、手間いらず場所とらずのすぐれものを集めました。

＊ボールで漬ける場合は、ラップをのせ、重しに皿を2～4枚のせます。

なすのしょうゆ漬け
にんにくがかくし味　　1/6量で18kcal

材料(4～6人分)
- なす　　4個(300g)
- A(水カップ3　塩小さじ2)
- にんにく　　1片(10g)
- <漬け汁>
- しょうゆ・酢・みりん　各大さじ1と1/2

調理10分／30分ほど漬ける

1　なすは乱切りにし、水にさっとつけてから、Aに15分ほどつけます。
2　にんにくは薄切りにします。漬け汁を煮立ててにんにくを加え、さまします。
3　なすの水気をしぼります。厚手のポリ袋になすと漬け汁を入れ、冷蔵します。30分ほどで食べられます。色が悪くなるので、あまり前に漬けないほうがよいでしょう。

だいこんの割り漬け
甘めですが、さっぱり　　1/6量で27kcal

材料(4～6人分)
- だいこん　　500g
- <漬け汁>
- 砂糖　　大さじ5(約40g)
- 酢　　大さじ1
- 塩　　大さじ1
- こんぶ　　5cm
- 赤とうがらし(種をとる)　1～2本

調理10分／ひと晩漬ける

1　だいこんは皮をむき、長さ半分、縦4等分に切ります。こんぶははさみで3cm長さの細切りにします。
2　厚手のポリ袋に漬け汁を入れて混ぜ、だいこんを入れて口をとじます。
3　水気が出てくるまで30分ほど室温におきます。
4　冷蔵庫に移し、ひと晩おきます。2～3日もちます。

きゅうりとみょうがの花椒(ホワジャオ)漬け
歯ざわりさわやか　　1/6量で9kcal

材料(4～6人分)
- きゅうり　　3本(300g)
- みょうが　　3個(50g)
- しょうが　　大1かけ(15g)
- <漬け汁>
- 水　　カップ1と1/2
- 塩　　小さじ2強
- 花椒(軽くつぶす)　小さじ1/2
- こんぶ　　5cm
- 赤とうがらし(種をとる)　1本

＊花椒は中華材料で、山椒の実を乾燥させたものです。

調理25分／1～2時間漬ける

1　漬け汁を煮立ててさまします。
2　きゅうりは3～4cm長さの乱切りにし、塩小さじ1弱(材料外)をまぶして20分おきます。みょうがは縦6つ割り、しょうがは3cm長さのせん切りにして、水にさらします。
3　野菜の水気をきります。ポリ袋に漬け汁と野菜を入れ、冷蔵庫に1～2時間おきます。

ワイワイごはんと軽食

ちらしずしやパエリアはメイン料理にもなる具だくさん。
パスタやピザをとり分け、にぎやかに。
チヂミやキッシュは酒の肴にもなります。
"しめごはん"には、梅にぎりなどいかがでしょう。

* 持ち寄りOK!

おいしいおもてなし **72** ワイワイごはんと軽食

江戸前風ちらしずし
具は炊飯中に用意できます

材料(4～5人分)　　1/5量で348kcal

<すしめし>
- 米 ーーー 米用カップ2(360㎖・300g)
- (水360㎖　こんぶ5㎝角　酒大さじ1)
- A
  - 酢 ーーーーーーーーーーー 50㎖
  - 砂糖 ーーーーーーーーー 大さじ1 1/2
  - 塩 ーーーーーーーーーーー 小さじ2/3
- 甘酢しょうが(せん切り) --- 60～70g

<野菜の具>
- 干ししいたけ(もどす) ーーー 4～5個
- B
  - しいたけのもどし汁 ーーー 50㎖
  - だし ーーーーーーーーー 100㎖
  - 砂糖・しょうゆ・みりん 各大さじ1/2
- ゆでたけのこ(穂先のほう) ーー 100g
- C
  - だし ーーーーーーーーー 100㎖
  - 砂糖・うすくちしょうゆ 各小さじ1
- れんこん(直径4～5㎝のもの) --- 50g
- D
  - 砂糖 ーーーーーーーーー 小さじ1
  - 酢 ーーーーーーーーーー 大さじ1
  - だし ーーーーーーーーー 大さじ1/2
  - 塩 ーーーーーーーーーーーー 少々
- 木の芽(またはみつばの葉) ーーー 10枚

<魚介の具>
- たい(さしみ用・さく) ーーーーー 100g
- ゆでだこ ーーーーーーーーーー 80g
- いか(さしみ用) ーーーーーーー 100g
- イクラ ーーーーーーーーーー 大さじ2

調理40分(つけおき時間は除く)　**2は前日準備できます**

1. **すしめしを作ります**(a)。　米を洗い、こんぶと一緒に分量の水に30分以上つける。酒を加えて炊く。Aを合わせてすし酢を作り、炊きたてのごはんに混ぜ、あおいで人肌にさます。甘酢しょうがを混ぜる。

2. **野菜などの具を作ります**(b)。　もどした干ししいたけ…Bで煮汁がなくなるまで煮る。半分のそぎ切りにする。　たけのこ…縦7～8㎜厚さに切り、Cで煮汁がなくなるまで煮る。　れんこん…4～5㎜厚さの輪切りにし、穴にそって皮をむく(花れんこん)。Dでいり煮にする。

3. **魚介を切ります。**　たい、たこ…薄いそぎ切り。　いか…2×6㎝くらいのたんざく切りにして、切りこみを入れる(c)。熱湯にさっと通して氷水にとり、水気をきる。

4. **盛りつけ。**　すしめしを器に盛り、**2**、**3**を並べて、イクラと木の芽を飾る。わさびじょうゆ(材料外)を添える。

a_しょうがが混ざっていると、味が単調になりません。ごまも合います。

b_野菜は煮ておけます。味や歯ざわりがそれぞれにおいしい。

c_いかに約5㎜間隔の切りこみを入れ、さっとゆでるときれいに開きます。

献立例＆アドバイス
生麩の田楽 p.16／野菜のディップ p.20／豚ばらのこっくり煮 p.43／しじみ汁
料理をいくつか楽しんだあとに、こんなごはんが出たらうれしいはず。
さしみなど魚介の種類を多くすれば、もっと豪華になります。

* 持ち寄りOK!

部屋に飾る花は香りが淡いものを。めでたい席には華やかな花、ランチパーティーにはかわいい花が◎。

おいしいおもてなし **74** ワイワイごはんと軽食

紅白押しずし
かんたん、見栄えよし

材料(4～6人分)　　1/6量で251kcal

＊直径15cmのケーキ丸型やセルクル型、または約12×15cm角の底が平らな容器で作ります。

＜すしめし・約600g分＞
- 米 －－－－－ 米用カップ2(360mℓ・300g)
- (水360mℓ　こんぶ5cm角　酒大さじ1)
- A[酢50mℓ　砂糖大さじ1　塩小さじ2/3]

＜スモークサーモンずし＞
- すしめし －－－－－－－－－ 300g
- スモークサーモン －－－ 約12枚(120g)
- レモンの薄切り －－－－－－－ 1～2枚

＜ほたてずし＞
- すしめし －－－－－－－－－ 300g
- ほたて貝柱(生食用) －－－ 6個(120g)
- ほたて缶詰(フレーク) －－ 小1/2缶(35g)
- いりごま(白) －－－－－－ 大さじ1
- 甘酢しょうが(薄切り)・木の芽　各少々

調理50分(つけおき時間は除く)

1　すしめしを作ります。
  1) 米を洗い、こんぶと一緒に分量の水に30分以上つける。酒を加えて炊く。
  2) Aを合わせてすし酢を作る。炊きたてのごはんにすし酢を混ぜ、あおいで蒸気をとばす。半分に分け、サーモン用とほたて用にする。

仕上げ調理　両方作って20分

＜スモークサーモンずし＞

2　型や容器に詰めて押します。写真(a)(b)のとおり。

3　ラップごととり出して切り、レモンを飾ります(すし1切れずつにレモンの小片をのせてもよい)。

＜ほたてずし＞

2　型や容器に詰めて押します。
  1) すしめしに、ごまと、汁をきったほたてフレークを混ぜる。貝柱の厚みを3～4枚に切る。
  2) 写真(a)(b)のとおり。

3　ラップごととり出して、切り分けます。しょうがは小さく切り、木の芽と飾る。

a_型などにラップを敷き、サーモンなどを敷きつめます。型は密閉容器やバットなど、家にあるもので。

b_すしめしを詰めて平らにし、底が平らなものを利用して、すしめしを押します。ラップをはさむとつきません。

献立例＆アドバイス

たっぷり揚げびたし p.38／ひと口和風ステーキ P.14／漬けもの p.70／すまし汁
このおすしなら、ほかの料理のボリュームに合わせて量を加減できます。
紅白なのでお正月の集まりにも。

あなごの混ぜごはん
ごはんに混ぜるだけ

材料(4人分) 　　　1人分 371 kcal

温かいごはん*	600g
焼きあなご	150g
れんこん	100g
みつば	20g
A　だし	150mℓ
砂糖	大さじ1
みりん	大さじ1/2
しょうゆ	大さじ1
B　みりん	大さじ1
しょうゆ	大さじ1
実ざんしょうのつくだ煮	大さじ1
焼きのり（細切り）	1/2枚

＊ごはん600gは米2合弱を炊いた分量。

調理25分

1　**材料を切ります。** あなご…鍋に入る大きさに切る。れんこん…薄い半月切りにし、水にさらして水気をきる。

2　**材料を煮ます。** 鍋にAとれんこんを入れ、弱火で10分煮る。れんこんをとり出し、煮汁にBを加えて煮立て、あなごを皮を下にして入れる。煮汁が少なくなるまで中火で煮る。あなごは2cm幅に切る。

3　**ごはんに材料を混ぜます。** みつばを細かく切る。ごはんに、実ざんしょうとみつばを混ぜ、れんこんとあなごを、ざっくりと混ぜる。のりを飾る。

＊持ち寄りOK!

献立例 & アドバイス
のせ豆腐p.13／豚肉の梅肉重ねレンジ蒸しp.36／筑前煮／すまし汁
和食のおもてなしで「ちらしずしはちょっとめんどう」なら、
かんたんな混ぜごはんはいかが。これは鍋ひとつで具が作れます。

* 持ち寄りOK!

しそ巻き梅にぎり
3〜4時間前から作りおけます

材料(6個分)　　1個分 89 kcal
- 温かいごはん ーーーーー 300g
- 梅干し ーーーー 1〜2個(20g)
- いりごま(白) ーーーー 大さじ1/2
- けずりかつお ーーーーー 2g
- しその葉 ーーーーーー 6枚

調理10分
1. 下ごしらえをします。 梅干し…種を除き、果肉を細かくたたく。 しその葉…軸の先を切り落とす。
2. 温かいごはんに梅干し、けずりかつお、ごまを混ぜます。
3. 6等分にし、俵形ににぎります。 食べる直前に、しそを巻く。

ひと口ごはん
あり合わせで即作れます

材料(4人分・12個分)　　1個分 29 kcal
- 温かいごはん ーーーーー 150g
- 焼きのり* ーーーーーー 2枚
- ちりめんじゃこ ーーーー 15g
- サラダ油 ーーーー 小さじ1/2
- 漬けもの
  - しば漬け30gをきざむ
  - たくあん3〜4切れをきざむ

＊味つけのりや韓国のりでも。

調理10分
1. 小鍋に油を弱火で熱し、じゃこをいためます。
2. ごはんに塩少々(材料外)を混ぜます。
3. 盛りつけ。 のりを1/6ずつに切って皿に置き、ごはん、じゃこ、漬けものをのせて出す。各自包んで食べる。

おいしいおもてなし ワイワイごはんと軽食

* 持ち寄りOK!

おいしいおもてなし **78** ワイワイごはんと軽食

🇩🇪 子どもがいるときは子ども向きの料理も用意。旗つきようじや型抜きにんじんなどを飾るとかわいい。

びっくり中華おこわ
蒸し直しもききます

材料(4～6人分)　1/6量で320kcal
もち米……米用カップ2(360ml・300g)
竹の皮……………………………6枚
サラダ油・ラード…………各大さじ1
<具>
　焼き豚………………………150g
　ゆでたけのこ………………100g
　にんじん……………………50g
　干ししいたけ…………………4個
　干しえび(説明はp.94)………10g
　ねぎ…………………………1/2本
　むき甘栗……………………20個
<煮汁>
　湯……………………………100ml
　スープの素(チキン味)……小さじ1
　しいたけのもどし汁………大さじ1
　干しえびのもどし汁　全部(約40ml)
　酒・しょうゆ………………各大さじ1
　オイスターソース…………大さじ1/2

下ごしらえ5分(つけおき時間は除く)　**1は前日準備できます**

1　**もち米と、竹の皮を水につけます。** 米は洗い、たっぷりの水に1時間以上つける。ざるにあげ、水気をよくきる。竹の皮も水につけてやわらかくする(前夜なら、米は水につけたまま冷蔵、皮は室温でつけおく)。

調理1時間　**前日作りおけます**　(その場合10分ほど蒸し直す)

2　**材料の下ごしらえ。** 干ししいたけ…カップ100mlの水につけてもどし、汁はとりおく。 干しえび…50mlの水につけてもどし、汁はとりおき、えびは半分に切る。干ししいたけ、にんじん、たけのこ、焼き豚…1.5cm角に切る。ねぎ…小口切り。

3　**いためてから、煮ます。**
　1)煮汁の材料を合わせる。
　2)中華鍋に油とラードを熱し、ねぎ、えびを軽くいためる。甘栗以外の具を加えていためる。もち米を加え、弱火で3～4分、もち米に油がよくなじむまでいためる。
　3)煮汁を加えて強火にし、沸とうしたら中火にして、煮汁が完全になくなるまでいためる。鍋底に米がつくようになったら火を止め、甘栗を混ぜる。

4　**竹の皮で包みます。** 写真(a)(b)のとおり。
5　**強火で約30分蒸します**(c)。

a_竹の皮の両端を裂いてひもを9本とります。3本ずつ結んでつなぎ、これを中心で結びます。大きなボールにひもを置きます。

b_皮を置き、3をのせて包みます。ひもでとじます。

c_蒸気の立った蒸し器にかけます。蒸し器の湯は途中でたします。

|献立例 & アドバイス
甘えびの紹興酒風味漬け p.12／とりの中国風照り焼き p.44／生野菜サラダ／スープ
1個ずつ作るちまきよりもずっとかんたん。湯気をあげる迫力の登場に歓声があがります。和風のおかずにも合います。

おいしいおもてなし **80** ワイワイごはんと軽食

いかすみパエリア
直火でもオーブンでも作れます

材料(4〜6人分)* 　　1/6量で314 kcal

米 －・－・－ 米用カップ2(360mℓ・300g)
オリーブ油 －・－・－・－・－ 大さじ3
<野菜と魚介>
　たまねぎ －・－・－・－・－ 1/2個(100g)
　にんにく －・－・－・－・－ 1片(10g)
　赤ピーマン －・－・－ 大1/3個(50g)
　さやいんげん －・－・－・－ 50g
　あさり(砂抜きずみ) －・－・－ 8個
　白ワイン －・－・－・－ 大さじ2
　有頭えび －・－ 6尾(250〜300g)
　いか －・－・－・－ 1ぱい(300g)

<煮汁用>
　トマト水煮缶詰 －・－・－ 1/2缶(200g)
　いかすみペースト** －・－ 1パック(8g)
　固形スープの素 －・－・－・－ 1個
<飾り用> レモン(くし形切り) －・－ 1個

*直径30cmのパエリア鍋の分量です。直径26cmくらいのフライパンでも作れます。
**いかのすみは1ぱいにわずかしかないので、市販のペーストを利用します。 ············→

調理30分　　3まで前日準備できます

1 **野菜を切ります。** たまねぎ、にんにく…みじん切り。 赤ピーマン…縦に1cm幅の細切り。 いんげん…4cm長さ。

2 **魚介の下ごしらえをします。** あさり…よく洗って鍋に入れ、ワインをふって蒸し煮にする。汁はこしてとりおく。 えび…長いひげや足を切りそろえ、背わたをとる。 いか…足をはずし、内臓を除く(すみがとれれば3で加える)。胴とエンペラは皮をむいて1cm幅に切る。足は大きな吸盤を除いて5cm長さに切る。

3 **煮汁を作ります。** トマトは実と缶汁に分け、実はざく切りにする。「トマトの缶汁＋あさりの蒸し汁＋いかすみ＋水」で360mℓにし、鍋に入れてスープの素を溶かす。作り方4の(3)で米に加えるときは、熱くしておく。

仕上げ調理40分

4 **鍋でいためてから炊きます。**

1) パエリア鍋にオリーブ油大さじ1/2を熱し、ピーマン、いんげんをいためてとり出す。油大さじ1/2をたし、えび、いかをいためてとり出す。

2) 油大さじ2をたし、にんにく、たまねぎをいためる。しんなりしたら、米を(洗わずそのまま)加えていためる。

3) 米が熱くなったら(a)、トマトの実、ピーマンといんげん、いか、熱い煮汁を加えて混ぜる。表面を平らにする。

4) <オーブンの場合>あさり、えびをのせ、アルミホイルでふたをする(b)。200℃のオーブンで約15分焼く。米に少し芯がある程度にできあがるのがよい。
<直火の場合>アルミホイルでふたをし、強火で1〜2分沸とうさせる。水分が少なくなってきたら弱火にして全体を混ぜ(c)、平らにする。えびをのせ、ふたをしてごく弱火で17〜18分炊く。あさりを散らして5秒ほど強火にし、火を止める。ふたをして5分むらす。

a_米は全体に油がまわり、米が熱くなるまでいためます。

b_<オーブンに入れる場合> 具を全部入れてアルミホイルでふたをします。

c_<直火で炊く場合> まず強火で炊きます。水分がなくなったら、弱火で混ぜてえびをのせ、ごく弱火で炊きあげます。

献立例&アドバイス
オリーブとドライトマトのマリネp.7／ほたてのエスカルゴバターp.7／しいたけのブルーチーズ焼きp.10／グリーンサラダとハムの盛り合わせ
タパス(スペイン語で酒のつまみ)風の小品をいくつか用意し、食べている間に炊きあがり。

おいしいおもてなし ワイワイごはんと軽食

おいしいおもてなし **82** ワイワイごはんと軽食

香草やとうがらしなど好き嫌いがありそうな食材は、事前に確認するか、加減したり、別添えにして、気配りを。

シーフードカレー
ごはんが炊ける間に作れます

<シーフードカレー>

材料(4人分)　　　1人分 231 kcal

<魚介>
- えび(無頭・殻つき) ───── 8尾(280g)
- ロールいか(またはもんごういか) 150g
- あさり(砂抜きずみ) ───── 12個

<カレーベース>
- 青とうがらし(辛いもの)* ── 2〜3本
- トマト水煮缶詰 ─────── 1缶(400g)
- サラダ油 ────────── 大さじ4
- A
  - ターメリック(粉) ───── 小さじ1
  - クミンパウダー(粉) ─── 小さじ2
  - コリアンダー(粉) ───── 小さじ2
  - チリパウダー(粉) ───── 小さじ1/2
- 水 ────────── 100〜200ml
- 塩 ─────────── 小さじ1/3

<ターメリックライス>

材料(4人分)　　　1人分 284 kcal

- 米 ──── 米用カップ2(360ml・300g)
- 水 ─────────────── 360ml
- ターメリック(粉) ─────── 小さじ1
- レーズン ──────────── 20g

＊青とうがらしは約5cm長さの辛いものの分量です。辛味や大きさがまちまちなので加減してください。

<シーフードカレー>

調理30分　1と2は前日準備できます

1 カレーのベースを作ります。
　1) 青とうがらしは種ごとあらみじん切りにする。厚手の鍋に油大さじ3、青とうがらしを入れていためる。
　2) トマトを缶汁ごと加え、トマトを木べらでつぶしながら中火で15〜20分いため煮にする。Aを加え(a)、さっといためて火を止める。

仕上げ調理30分

2 魚介の下ごしらえをします。　あさり…よく洗う。　えび…殻をむき、背わたをとる。　いか…5cm長さのたんざく切り。

3 魚介に火を通します。　フライパンに油大さじ1を熱し、魚介を強火でいためる。油がまわったらふたをして弱めの中火にし、あさりの殻が開くまで5分ほど蒸し煮にする。汁と分ける。

4 ベースに具を加えます。　1に3の蒸し汁を加え、ようすをみながら水をカップ1/2〜1加えて、ゆるめの濃度にする。魚介を加えて5分ほど煮(b)、味をみて塩を加える。

5 盛りつけ。　ライスやナンを添える。

<ターメリックライス>

調理50分

米は洗い、分量の水、ターメリック、レーズンを加えてふつうに炊きます。

献立例 & アドバイス

ひと口フリット p.8／にんじんサラダ p.61／野菜のディップ p.20
気軽なもてなしではカレーもよく登場します。スパイスさえそろえれば、本格インドカレーも意外とかんたん。変わりごはんやナンで特別な日のカレーになります。

青とうがらしとAの香辛料。香りと辛味の素になります。

a_油がにじみ出すような状態になったところで、Aを加えます。

b_「さあ、食べよう」と思ったときに、魚介を加えてひと煮立て。

＊持ち寄りOK！

重ねキャセロール
詰めて重ねてオーブンへ

材料（4人分・約1.4ℓの耐熱容器やオーブンに入れられる鍋）
1人分 336 kcal

米	米用カップ1（180㎖・150g）
コーン（缶詰または冷凍）	120g
たまねぎ	1/2個（100g）
ピーマン	2個
牛ひき肉	150g
ベーコン	2～3枚（50g）
トマトソース缶詰＊	150g
水	大さじ4
塩	小さじ1/4
こしょう	少々

＜おまけ＞
とうもろこし（あれば皮つき） 2～4本

＊トマトソースは商品によって味が多少異なります。お好みですが、シンプルな味のものがよいでしょう。

調理20分　1と2は前日準備できます

1　**下ごしらえをします。** 米…洗い、水気をよくきる。たまねぎ、ピーマン…みじん切り。とうもろこし…皮つきならひげだけ除く。皮をむいたものならアルミホイルで包む。

2　**耐熱容器や鍋に材料を順に重ねます。**
　1）米を入れて平らにし、コーンをのせる。塩小さじ1/8、こしょう少々、トマトソース半量、水大さじ2をかける。
　2）たまねぎ、ピーマンの順に重ねる。
　3）ひき肉をほぐしてのせる。塩小さじ1/8、こしょう少々をふる。
　4）残りのトマトソース、水大さじ2をかける。ベーコンを敷きつめる（a）。ふたかアルミホイルをのせる。とうもろこしと一緒にオーブン皿にのせる。

仕上げ調理50分

3　**オーブンで焼きます。** 200℃で約40分焼く。とうもろこしを出してふたをとり、さらに10分焼く。（ガラスの耐熱容器の場合は、約10分ずつ、合計20分ほど長く焼く）

献立例 & アドバイス
トマトとモッツァレラのカプレーゼ p.6／シーザーサラダ p.58／バーベキュー
バーベキューやフライドチキンのパーティにぴったりのかんたんライスです。とうもろこしもじっくり焼けて甘くおいしい。生の野菜を添えましょう。

a_生の素材をそのまま重ねるだけで、準備OK。

直火やオーブンで使え、しかも食卓にそのまま出せる鍋があると便利です。

魚介とわけぎのチヂミ
ホットプレートでもOK

材料(4〜5人分) 　1/5量で231 kcal

<具>
- わけぎ ─── 1束(180〜200g)
- ロールいか ─── 100g
- えび(無頭・殻つき) ─── 4尾(60g)
- あさりのむき身 ─── 60g
  - (酒大さじ1　塩・こしょう各少々)

<生地>
- 小麦粉 ─── 60g
- 白玉粉(または、もち粉) ─── 60g
- 卵 ─── 1個
- 塩 ─── 小さじ1/3

<辛味だれ>
- しょうゆ・酢 ─── 各大さじ2
- 粉とうがらし ─── 小さじ1/2
- すりごま(白) ─── 小さじ1

<香味だれ>
- しょうゆ・酢 ─── 各大さじ2
- すりごま(白) ─── 小さじ1
- しょうがのすりおろし ─── 小さじ1/2
- にんにくのすりおろし ─── 小さじ1/2

｜献立例 &アドバイス

水菜の韓国風あえもの p.14／牛肉のねぎ巻き p.15／チゲ鍋
メインを焼肉にしてチヂミも焼きながらにすれば、もっと手間なしの献立になります。

調理15分

1. **材料の下ごしらえをします。**
   1) わけぎは、白い部分に縦半分の切りこみを入れ、全体を3cm長さに切る。
   2) いか…2〜3cm角のそぎ切り。　えび…殻と背わたをとり、2cm長さのぶつ切り。　あさりのむき身…塩水(水カップ1＋塩小さじ1・材料外)で洗い、ざるにとる。
   3) 鍋に 2)の魚介を入れて酒、塩、こしょうをふり、いり煮にする。八分どおり火が通ったら、汁と分けておく。

2. **生地を作ります。**「とき卵＋魚介のいり煮の汁＋水」を合わせてカップ1にし、大きめのボールに入れる。白玉粉をこし器でふるって加え、小麦粉、塩も加えてゴムべらで混ぜ、なめらかにする。

3. **たれ2種の材料をそれぞれ合わせます。**

仕上げ調理20分

4. **焼きます。** 生地にわけぎと魚介を混ぜる。

   <ホットプレートの場合>　約230℃に予熱する。ごま油(材料外)を小さじ1ずつプレートの4か所にひき、1/8量の生地を4つ落として広げる。4〜5分で焼き色がついたら裏返し、火を弱めて中まで火を通す。残りの4枚も焼く。

   <中華鍋の場合>　ごま油大さじ1 1/2をひいて4枚ずつ、2回に分けて、強〜中火で両面を焼く。

おいしいおもてなし　ワイワイごはんと軽食

食卓にテーブルクロスやランチョンマットを使うだけで、おもてなしの雰囲気になります。

おいしいおもてなし
86
ワイワイごはんと軽食

三色のペンネ
ゆでる間に作れるソース

*1人分カロリー
ペンネアラビアータ 226 kcal
ペンネゴルゴンゾーラ 289 kcal
ペンネジェノベーゼ 238 kcal

材料
ペンネ(4人分) 100g
*ペンネなどのショートパスタは、のびにくいので脇役に重宝です。好みのパスタでもかまいませんが、タイミングを考えて作りましょう。

[アラビアータソース・4人分]
A ┌ ベーコン(細切り) ――― 50g
  │ にんにく(薄切り) ―― 1片(10g)
  │ 赤とうがらし(小口切り) ― 1本
  └ オリーブ油 ――― 大さじ2
トマト水煮缶詰 ――― 1/2缶(200g)
白ワイン ――― 大さじ1
トマト(2cm角に切る) ― 1個(150g)
塩・こしょう ――― 各少々

[ゴルゴンゾーラソース・4人分]
ゴルゴンゾーラ(あらみじん切り)* 50g
パルミジャーノ・レッジャーノ*
(粉、またはおろす) ――― 大さじ2
生クリーム ――― 100mℓ
バター ――― 15g
塩・こしょう ――― 各少々

*ゴルゴンゾーラは青かびチーズ。パルミジャーノ・レッジャーノはかたいチーズで、かたまりをおろして使うと風味が引き立ちます。

[ジェノベーゼソース・4人分]
バジルの葉 ――― 10g
パセリの葉 ――― 20g
にんにく ――― 1片(10g)
松の実 ――― 大さじ2
パルミジャーノ・レッジャーノ
(粉、またはおろす) ――― 大さじ2
塩 ――― 小さじ1/3
こしょう ――― 少々
オリーブ油 ――― 大さじ3

調理各10分　アラビアータソースは前日作りおけます

1 好みのソースを作ります。

[アラビアータソース]
1) 鍋にAを入れ、弱火でいためる。
2) 水煮のトマトを缶汁ごと加えて木べらでつぶし(a)、ワインを加え、弱火で2〜3分煮つめる。
3) トマトの角切りを加え、塩、こしょうで味をととのえて火を止める。

[ゴルゴンゾーラソース]
1) 鍋で生クリームを沸とうしないように温め、2種のチーズを加える(b)。なめらかになったら、塩味をみて、バター、塩、こしょうで味をととのえる。

[ジェノベーゼソース]
1) フライパンで松の実を軽くいる。
2) 材料表の松の実までをクッキングカッターにかける(c)。ほかの材料を加えてさらになめらかにする(または、材料をみじん切りにしてからすり鉢する)。

仕上げ調理15分

2 ペンネをゆでます。湯1ℓに塩大さじ1/2(材料外)を加え、表示どおりにゆでる。
3 ゆでたてを、ソースであえます。

a_[アラビアータソース]
トマトとベーコンのシンプル味。

b_[ゴルゴンゾーラソース]
生クリームにチーズを溶かすだけ。

c_[ジェノベーゼソース]
クッキングカッターにかけるだけ。

献立例&アドバイス
カポナータ p.56／豚ヒレのカツレツトマトソース p.30／白身魚のカルパッチョ p.59／ペンネジェノベーゼ
それぞれ10分くらいで作れるかんたんソースです。
ほかの料理の味と重ならないように味を選んでください。

*持ち寄りOK!

おいしいおもてなし
88
ワイワイごはんと軽食

ラザニア
容器に詰めて用意しておけます

材料(25×20×4.5cmの耐熱容器1個分・4～6人分)　　　1/6量で374 kcal

ラザニア*	9枚(180g)
粉チーズ	大さじ2
パセリ	少々

<ミートソース>
- 牛ひき肉 ── 200g
- オリーブ油 ── 大さじ1
- A
  - たまねぎ ── 1/2個(100g)
  - セロリ ── 1/2本(50g)
  - にんにく ── 1片(10g)
- B
  - トマト水煮缶詰 ── 1缶(400g)
  - 水 ── カップ1/2
  - 固形スープの素 ── 1個
  - (あれば)ドミグラスソース　大さじ1
  - 赤ワイン ── 大さじ3
  - 塩 ── 小さじ1/2
  - ローリエ ── 1枚

<ホワイトソース>
- バター ── 45g
- 小麦粉 ── 大さじ3
- 牛乳 ── 500mℓ
- (塩小さじ1/3　こしょう少々)

献立例 & アドバイス
たこのマリネp.9／ポークのプラム煮p.24／野菜サラダ
ラザニアのリッチな味は子どもから大人まで大好き。
さっぱりめのサラダやマリネを組み合わせましょう。

＊ラザニアはゆでてから器に詰めますが、ゆでなくてもよい商品もあります。商品の表示にしたがってください。

調理40分　**3まで前日準備できます**

1. ミートソースを作ります。
    1) Aの野菜はみじん切りにする。
    2) 厚手の鍋に油を熱し、Aを薄く色づくまでいためる。
    3) ひき肉を加え、パラパラになるまでよくいためる。Bを加え、沸とうしたら弱火にして約20分煮る。とろりと流れ落ちるくらいの濃度にする。
2. ホワイトソースを作ります。
    1) 鍋にバターを弱火で溶かし、小麦粉を入れる。弱火で1～2分、色づかないようにいためる。
    2) 火を止め、牛乳を混ぜてなめらかにする。混ぜながら中火にかけ、煮立ってとろみが少しついたら、塩、こしょうで調味し、火を止める。
    ＊市販のホワイトソースやミートソースを使う場合は、かたいので、とろとろと流れ落ちるくらいの濃度にします。水や牛乳、ワインなどでゆるめます。
3. 耐熱容器に詰めます。
    1) ラザニアは箱の表示にしたがい、少しかためにゆでる(a)。つかないようにふきんに並べ、水気をとる。
    2) 容器にホワイトソースを敷き、ラザニア、ミートソースを交互に重ねる(b)。表面はソースならどちらでもかまいません(左ページの写真は両方)。

仕上げ調理15分

4. オーブンで焼きます。　粉チーズをふる。220℃で10～12分、色よく焼く。パセリを飾る。

a_ラザニアは、つかないように4～5枚ずつゆでます。さい箸は太いほうを使うとよい。

b_ラザニアの枚数と器の大きさで、重ねる回数を計算して詰めます。

* 持ち寄りOK!

おいしいおもてなし **90** ワイワイごはんと軽食

紙ナプキンは色柄がたくさんあって食卓がにぎやかになります。ピザなど手でつまむものにはぜひ用意を。

きのこのキッシュ
作りおきもできます

材料(直径22cmのタルト型1個分・6人分)
1人分 348kcal

パイシート(冷凍)*	150g
手粉(強力粉または薄力粉)	大さじ2

<具>
きのこ**	合計約200g
例 しいたけ4個・しめじ1/2パック・エリンギ1本・マッシュルーム1/2パック・乾燥ポルチーニ5g	
たまねぎ	1/2個(100g)
ベーコン	2枚
バター	20g
塩・こしょう	各少々

<卵液>
卵	3個
生クリーム	150ml
グリュイエールチーズ（またはピザ用チーズ）	50g
塩・こしょう	各少々

*パイシートは商品によってサイズが異なりますが、150gをめやすに。小さいものは2枚をはぎ合わせて使います。

**具のきのこは数種類入れたほうがおいしい。また、きのこのかわりに、ほうれんそう、アスパラガス、じゃがいもなどでも。いずれも火を通し、水分が出ないように下ごしらえします。

調理60分(ポルチーニのもどし時間は除く) 前日作りおけます

1. **材料を切ります。** きのこ…食べやすく、小房に分けたり、薄切りにする(乾燥ポルチーニを使う場合は、水に約30分つけてもどし、細切り)。 たまねぎ…薄切り。 ベーコン…細切り。 チーズ…おろすか、みじん切り。

2. **具をいためます。** バター10gでたまねぎとベーコンを中火でいため、すき通ってきたらバター10gをたして、きのこを強火でいためる。水分が出てくるようなら、とぶまでよくいため、塩、こしょうで調味する。さます。

3. **卵液を作ります。** 卵をよくほぐし、チーズを半量残して材料を混ぜる。

4. **型に詰めます。**
   1) パイシートは半解凍の状態で、型よりひとまわり大きくめん棒でのばす(手粉を使ってつかないようにする)。型にのせ、縁をしっかりそわせて敷きこむ(a)。端を包丁で切り落とす。
   2) 具を入れ、卵液を流しこむ(b)。残りのチーズを散らす。

5. **焼きます。** 200℃のオーブンで25〜30分焼く。形をきれいに切り分けたい場合は、あら熱がとれてから切る。

a_パイシートは型にのせたら、縁をしっかり押さえます。生地の端切れで押さえると破れにくく、きれいに敷きこめます。

b_具は加熱して、水分が出ないようにしておきます。卵液をかけてオーブンに入れます。

献立例 & アドバイス
野菜とパンのディップ p.20／魚介のミックスオーブン焼き p.48／フルーツサラダ p.61
ワインをゆっくり楽しむとき、こんなおしゃれなメニューはいかがでしょう。

人気のシンプルピザ

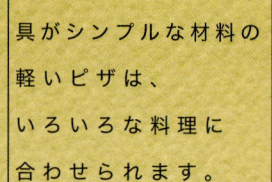

具がシンプルな材料の軽いピザは、いろいろな料理に合わせられます。

市販のピザクラストにトッピングしてすぐ焼けます。

＊ピザクラストはあれば薄いタイプを。パリパリした食感も楽しめます。

トマトソース

材料（2枚分）
トマト水煮缶詰　　1/3缶（130g）
オリーブ油　　　　小さじ1
塩・こしょう　　　各少々

調理10分
1　トマト缶を汁ごと鍋にあけて火にかけ、木べらでつぶしながら2〜3分煮つめます。オリーブ油、塩、こしょうを加え、火を止めます。

マルゲリータピザ
イタリアの国旗の3色で

材料（1枚分） 全量で504kcal
ピザクラスト（市販・直径約22cm）　1枚
トマトソース（上記）　1枚分
モッツァレラチーズ　100g
パルミジャーノ・レッジャーノ　10g
粗塩　少々
バジルの葉　10〜12枚

調理10分
1　チーズ2種はあらみじんに切ります。クラストにトマトソースを塗り、チーズをのせ、粗塩をふります。
2　高温（300℃くらい）のオーブンで3〜4分焼きます。バジルを飾ります。

マリナーラピザ
アンチョビのうま味

材料（1枚分） 全量で367kcal
ピザクラスト（市販・直径約22cm）　1枚
トマトソース（上記）　1枚分
にんにく（薄切り）　1片（10g）
アンチョビ（あらみじん切り）　15g
黒オリーブ（薄切り）　4個
オレガノ（乾燥）　小さじ1
ピザ用チーズ　30g

調理10分
1　クラストにトマトソースを塗り、にんにく、アンチョビ、オリーブをのせ、オレガノをふります。チーズを散らします。
2　高温（300℃くらい）のオーブンで3〜4分焼きます。

チョコバナナピザ
デザートにも

材料（1枚分） 全量で320kcal
ピザクラスト（市販・直径約22cm）　1枚
バナナ（薄切り）　1本
チョコレート　10g
粉糖　大さじ1

調理10分
1　クラストにバナナをのせ、高温（300℃くらい）のオーブンで3〜4分焼きます。
2　チョコレートを湯せんにかけて溶かし、焼きあがりのピザにかけます。粉糖をふります。

おいしいおもてなし　おもてなしコラム

ピザ生地の作り方（薄いタイプ）

材料（直径22cm 4枚分）　1枚分 259 kcal

薄力粉	100g
強力粉	100g
A ドライイースト	小さじ1(3g)
砂糖	小さじ1
塩	小さじ1/2
ぬるま湯(38～40℃)	110ml
オリーブ油	大さじ1
手粉(強力粉)	適量
オリーブ油	大さじ1

調理90分

1　ボールに粉を合わせてふるい入れ、Aを加えて混ぜます。ぬるま湯を加えてなめらかになるまで5分くらいこねます。オリーブ油大さじ1を加えてよくこねます。

2　表面がなめらかになったらまとめて、ラップをかぶせ、ボールごと暖かい場所（約26℃）に約30分おきます。

3　約2倍にふくらんだら(a)、押してガスを抜き、4等分にして丸めます。再びラップをして10～15分おきます。

4　約25cm角のアルミホイルの上に手粉をふり、生地1つを直径約20cmに薄くのばします(b)。

5　オリーブ油を塗り、それぞれの材料をのせます。ホイルごと焼きます。

＊生地を作りおく場合は、軽く焼いておきます（200℃で約5分）。冷凍します。

a_生地がふくらんだら指（手粉をつける）でついてみて、穴がもどってこないようなら発酵完了です。

b_アルミホイルの上でのばせば、そのままオーブン皿にのせて焼けるので、薄くのばせます。

おいしいおもてなし　おもてなしコラム

くるみみそピザ
日本酒にも合う

材料（1枚分）　全量で 450 kcal

ピザクラスト（市販・直径約22cm）	1枚
くるみ	20g
水菜（きざむ）	10g
油揚げ	1/2枚(10g)
A みそ・砂糖	各大さじ1
酒・マヨネーズ	各大さじ1/2

調理15分

1　くるみはフライパンでさっといるか、オーブントースターで軽く焼き、あらみじんに切ります。Aを混ぜて、くるみを混ぜます。

2　クラストに1を塗り、油揚げを細切りにして散らします。

3　高温（300℃くらい）のオーブンで3～4分焼きます。水菜を飾ります。

献立例 & アドバイス

オリーブとドライトマトのマリネ p.7／カポナータ p.56／白身魚のアクアパッツァ p.50

パーティでピザは人気もの。タイミングよく焼いて、熱々を！

この本で使う材料のこと

＊説明はいずれも上中央から時計まわりです。

A ＜ハーブ＞
- ●ローズマリー >>> 肉料理のくさみ消しや香りづけによく使います。
- ●バジル >>> パスタやピザ、トマト料理に。タイ料理でも使います。
- ●チャイブ（シブレット） >>> あさつきに似た味。ドレッシングなどに。
- ●イタリアンパセリ >>> パセリよりおだやかな香り。ソースや飾りに。
- ●タラゴン >>> よもぎの仲間。卵やとり、魚料理、ドレッシングに。
- ●ディル >>> せり科。魚料理やマリネ、ドレッシングに合います。
- ●セルフィーユ（チャービル） >>> マイルドな香り。サラダや飾りに。

B ＜チーズ＞
- ●モッツァレラチーズ >>> 熟成させないフレッシュタイプのチーズ。さっぱりした味で、サラダからピザまで幅広く使えます。
- ●ゴルゴンゾーラチーズ >>> 青かびタイプのチーズの1種。青かびチーズは塩気とピリッとした味が特徴で、ほかにロックフォールやスティルトンなどがあります。
- ●グリュイエールチーズ >>> セミハードタイプのチーズの1種。おろして粉チーズにしたり、チーズフォンデュなどの加熱料理によく使います。セミハードやハードタイプではほかに、ゴーダ、エダム、エメンタールなどがあります。
- ●パルミジャーノ・レッジャーノ >>> ハードタイプのチーズの1種。とてもかたく、おろしたり、けずったりしてトッピングや加熱料理に使います。

C ＜洋風料理で使う＞
- ●アンチョビ >>> かたくちいわしの塩蔵油漬け。うま味を利用してパスタやドレッシングに使います。
- ●ドライトマト >>> トマトに塩をふって乾燥させたもので、甘味やうま味が凝縮しています。湯に10分ほどつけてもどすか、オイル漬け（p.19）にしておき、パスタなどに使います。
- ●バルサミコ酢 >>> ぶどう果汁にワインを加えて醸造した酢。暗褐色で香りが深く、イタリア料理でソースなどによく使います。
- ●クスクス >>> 北アフリカや地中海沿岸地域で食べられている、セモリナ粉を原料とする粒状パスタ。煮こみ料理やスープなどと合わせて食べます。

D ＜中国・韓国・タイなどエスニック料理で使う＞
- ●豆板醤（トーバンジャン） >>> そら豆が原料のみそで、とうがらしを加えた塩辛いものが一般的。中華材料。
- ●甜麺醤（テンメンジャン） >>> 中国の甘みそ。北京ダックや春餅（チュンピン）などにつけたり、料理に加えます。
- ●コチュジャン >>> 韓国のとうがらしみそ。コクと辛味が特徴です。
- ●豆豉（トーチ） >>> 大豆を発酵させた、くろみそなっとう。いためものなどに加えるとうま味が出ます。
- ●八角 >>> もくれん科の木の実。芳香があり肉や魚の料理に加えます。香りが強いので、さやを折って1～2片ずつ使います。
- ●干しえび >>> 芝えびなどの乾燥品。水に30分くらいつけてもどします。うま味が出るのでもどし汁も使えます。
- ●香菜（シャンツァイ） >>> 独特の香りが特徴で、中国料理やエスニック料理によく使います。生の葉や茎、根が使われ、実も粉にしてカレーのスパイスに。シャンツァイ、コリアンダー、パクチー、コウサイなど呼び名はいろいろ。
- ●ナムプラー（ニョクマム） >>> 魚を塩漬けにし、上ずみを熟成させた調味料。タイやベトナム料理に使います。

和洋中別の献立例索引

●献立例は和洋中のほか、インド、韓国、エスニック風があります。洋風には北欧風や、フランス、イタリア、スペイン風などが混在しています。
●以下の例では、おもに「メイン料理」「サブ料理」「前菜など」「ごはん・軽食」「汁もの」の順に並んでいます。ごはんものがメインの場合もあります。
●これらの献立に、さらに、乾きもののおつまみやデザート、お酒、ソフトドリンクを合わせるとよいでしょう。

■ 和洋中の別　■ 献立例掲載ページ

洋	24	ポークのプラム煮 p.24　白身魚のカルパッチョ p.59　にんじんサラダ p.61　パン
洋	26	牛肉の塩釜焼き p.26　シーザーサラダ p.58　たこのマリネ p.9　ペンネアラビアータ p.86　スープ
洋	28	牛肉のビール煮 p.28　生野菜サラダ　スモークサーモンのマリネ p.9
洋	29	チキンプロヴァンス p.29　野菜のグリルアンチョビマリネ p.57　生野菜とディップ p.20　パン
洋	30	豚ヒレのカツレットマトソース p.30　豆サラダ p.60　えびのピストゥー p.8　ペンネゴルゴンゾーラ p.86
洋	32	田舎風ローストチキン p.32　スモークサーモンのマリネ p.9　トマトとモッツァレラのカプレーゼ p.6　パン
洋	34	にこにこミートローフ p.34　フルーツサンドイッチ　コーンポタージュ
洋	48	魚介のミックスオーブン焼き p.48　生野菜サラダ　ソーセージとジャーマンポテト p.11　きのこのキッシュ p.90
洋	50	白身魚のアクアパッツァ p.50　ポテトサラダのテリーヌ p.62　シーザーサラダ p.58　ひと口フリット p.8
洋	52	白身魚の紙包み焼き p.52　カポナータ p.56　まぐろとアボカドのタルタル風 p.10　シンプルピザ p.92
洋	80	いかすみパエリア p.80　グリーンサラダとハムの盛り合わせ　オリーブとドライトマトのマリネ p.7
		ほたてのエスカルゴバター p.7　しいたけのブルーチーズ焼き p.10
洋	84	バーベキュー　シーザーサラダ p.58　トマトとモッツァレラのカプレーゼ p.6　重ねキャセロール p.84
洋	86	豚ヒレのカツレットマトソース p.30　白身魚のカルパッチョ p.59　カポナータ p.56　ペンネジェノベーゼ p.86
洋	88	ポークのプラム煮 p.24　野菜サラダ　たこのマリネ p.9　ラザニア p.88
洋	90	魚介のミックスオーブン焼き p.48　フルーツサラダ p.61　野菜とパンのディップ p.20　きのこのキッシュ p.90
洋	92	白身魚のアクアパッツァ p.50　カポナータ p.56　オリーブとドライトマトのマリネ p.7　シンプルピザ p.92
和	36	豚肉の梅肉重ねレンジ蒸し p.36　炒めなます p.68　わたりがにのから揚げ p.13　漬けもの p.70　ごはん
和	37	牛肉のたたき p.37　炒めなます p.68　甘えびの紹興酒風味漬け p.12　生麩の田楽 p.16　焼きおにぎりの茶漬け
和	38	たっぷり揚げびたし p.38　白身魚のみそ漬け焼き p.13　のせ豆腐 p.13　漬けもの p.70　ごはん　すまし汁
和	40	鴨のつけ焼き p.40　秋の含め煮 p.69　ぶどうときのこの白あえ p.17　さしみ　ひと口ごはん p.77
和	42	とりのグリル焼きねぎぽん酢 p.42　春と秋の含め煮 p.69　自家製ツナ p.11　あなごの混ぜごはん p.76　茶碗蒸し
和	43	豚ばらのこっくり煮 p.43　香り野菜とかつおのづけサラダ p.66　れんこんの落とし揚げ p.16　ごはん
和	54	鯛の姿焼き p.54　春と秋の含め煮 p.69　れんこんの落とし揚げ p.16　赤飯　すまし汁
和	72	江戸前風ちらしずし p.72　豚ばらのこっくり煮 p.43　生麩の田楽 p.16　野菜のディップ p.20　しじみ汁
和	74	たっぷり揚げびたし p.38　ひと口和風ステーキ p.14　漬けもの p.70　紅白押しずし p.74　すまし汁
和	76	豚肉の梅肉重ねレンジ蒸し p.36　筑前煮　のせ豆腐 p.13　あなごの混ぜごはん p.76　すまし汁
中	44	とりの中国風照り焼き p.44　えびとはるさめの豆鼓煮 p.63　中華風サラダ　わたりがにのから揚げ p.13　スープ
中	53	白身魚の紹興酒蒸し p.53　はるさめサラダ　牛タンの粗塩焼き p.15　びっくり中華おこわ p.78　スープ
中	78	びっくり中華おこわ p.78　とりの中国風照り焼き p.44　生野菜サラダ　甘えびの紹興酒風味漬け p.12　スープ
エスニック	45	エスニックチキン p.45　揚げ魚のアジアンサラダ p.64　生春巻き p.12　ごはんまたはフォー
韓	46	ピリ辛スペアリブ p.46　チャプチェ p.65　水菜の韓国風あえもの p.14　魚介とわけぎのチヂミ p.85　スープ
韓	85	チゲ鍋　牛肉のねぎ巻き p.15　水菜の韓国風あえもの p.14　魚介とわけぎのチヂミ p.85
インド	82	シーフードカレー p.82　にんじんサラダ p.61　ひと口フリット p.8　野菜のディップ p.20

おいしいおもてなし 95 和洋中別の献立例索引

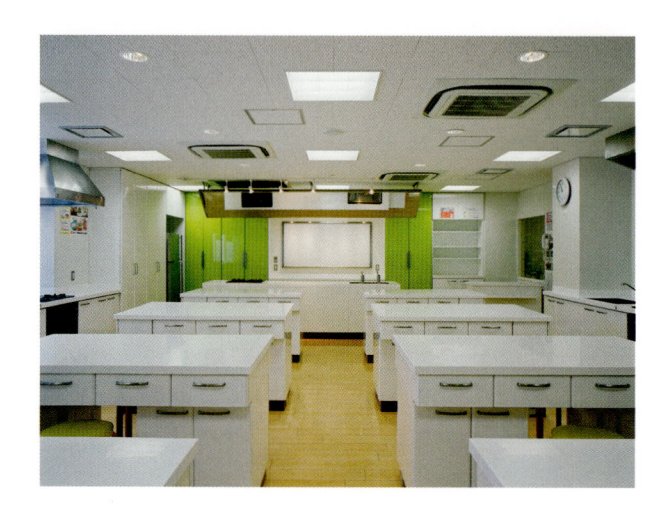

すぐに役立ち、一生使える
ベターホームのお料理教室

ベターホームは1963年に発足。「心豊かな質の高い暮らし」を目指し、日本の家庭料理や暮らしの知恵を、生活者の視点から伝えています。活動の中心である「ベターホームのお料理教室」は全国18か所で開催。毎日の食事づくりに役立つ調理の知識や知恵、健康に暮らすための知識などをわかりやすく教えています。

おいしいおもてなし

初版発行	2004年2月20日
13刷	2014年8月15日

編集	ベターホーム協会
発行	ベターホーム出版局

〒150-8363
東京都渋谷区渋谷1-15-12
〈編集〉Tel.03-3407-0471
〈出版営業〉Tel.03-3407-4871
http://www.betterhome.jp

ISBN978-4-938508-71-5
乱丁・落丁はお取替えします。本書の無断転載を禁じます。

ベターホーム協会